Auxiliando a humanidade a encontrar a Verdade

Depois do sucesso de *Causos de Umbanda*, primeiro volume, Vovó Benta abre nova janela para trazer a seus leitores a sabedoria milenar dos pretos velhos, a serviço da caridade pura que é o objetivo maior da umbanda.

Desfila nas páginas desta obra uma verdadeira amostragem dos sofrimentos e anseios da humanidade, sintetizados em quadros vívidos ambientados nos terreiros. São espelhos onde cada um poderá ver refletidas as indagações silenciosas de seu espírito, as dúvidas e inquietações da existência, que encontrarão resposta nos amorosos conselhos da sabedoria dos terreiros.

Mensageiros das mais altas hierarquias do mundo invisível, alguns deles disfarçados de humildes pretos velhos, descem ao plano terrestre para consolar, curar e desfazer magias, colocando as criaturas de volta no caminho da evolução. A sabedoria que transparece em suas intervenções deixa entrever os grandes magos e sublimes iniciados do amor que muitos deles são.

A face da verdadeira umbanda – mágica, mística, singela – reflete-se nesta obra, pronta a cativar novamente o espírito do leitor, como o dos milhares de entusiastas da primeira série de causos.

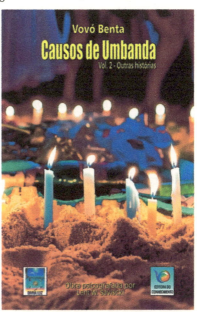

Causos de Umbanda 2
LENY W. SAVISCKI
Formato 14 x 21 cm • 192 p.

A umbanda é como uma bondosa senhora que, vivendo num mundo iluminado pela riqueza e conforto, apieda-se da pobreza e, vestindo-se modestamente, busca as almas deserdadas pela sorte para aliviar-lhes as dores. A mais universalista das religiões não nasceu para dar espetáculos nem para realizar milagres, e sim para praticar a caridade ensinada por Jesus, alentando indiscriminadamente a todos e esclarecendo consciências encarnadas e desencarnadas. É assim que os trabalhadores da luz descem de Aruanda, muitas vezes travestidos de humildes pretos velhos, para auxiliar a evolução no plano terreno, instigando os homens à reforma íntima. Vovó Benta faz parte dessa hierarquia de espíritos benfeitores, retornando desta vez à literatura espiritualista como quem desce aos porões de uma grande senzala para cortar as correntes que aprisionam espíritos ainda cristalizados em "antigas lembranças escravas". E faz isto tão bem, que é impossível não se emocionar com seus relatos de vovó "mandingueira".

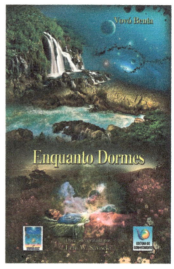

Enquanto Dormes
LENY W. SAVISCKI
Formato 14 x 21 cm • 184 p.

Nesta obra *Enquanto Dormes*, aquela que um dia foi princesa, e também escrava, relata com detalhes o que acontece quando as luzes do terreiro se apagam e os médiuns voltam para casa. Na contraparte astral, o trabalho da noite recomeça dando prosseguimento às mais complexas tarefas em que a participação da corrente mediúnica, em desdobramento do sono, é importantíssima. Em seus relatos, Vovó Benta conta com a presença do jovem personagem Juju, antiga alma que retorna ao palco terreno na condição de simples cambono, a fim de redimir-se aprendendo através da caridade muitas lições de humildade. A cada capítulo desta obra um novo ensinamento é jorrado pelos "magos do amor" para nos acordar da escuridão, a fim de que não seja necessário a intervenção do bisturi da dor para a cirurgia de nossa alma.

O ESPIRITISMO, A MAGIA E AS SETE LINHAS DE UMBANDA
foi confeccionado em impressão digital, em abril de 2025
Conhecimento Editorial Ltda
(19) 3451-5440 — conhecimento@edconhecimento.com.br
Impresso em Luxcream 80g. – StoraEnso

Série
Memórias do Espiritismo
Volume 3

Fotos e ilustrações da página anterior (de cima para baixo, a partir da esquerda):
Gabriel Delanne, Bezerra de Menezes, Allan Kardec, Leon Denis;
William Crookes, Alfred Russel Wallace, Alexander Aksakof, Oliver Lodge;
Yvonne do Amaral Pereira, Alfred Binet, Ernesto Bozzano, Arthur Conan Doyle;
Hercílio Maes, Caibar Schutel, Gustavo Geley, Eurípedes Barsanulfo;
Victor Hugo, Charles Robert Richet, Cesare Lombroso, Pierre Gaetan Leymarie;
Andrew Jackson Davies, Camille Flammarion, Francisco Cândido Xavier, Emanuel Swedenborg.

Reconhecemos a ausência de inúmeros expoentes do espiritismo nesta galeria de imagens. Em razão do limitado espaço, escolhemos apenas algumas personalidades ilustres para representar todos aqueles que gostaríamos de homenagear.

LEAL DE SOUZA

O ESPIRITISMO, A MAGIA E AS SETE LINHAS DA UMBANDA

1908-2008 — 100 Anos de Umbanda

© 2008 – Conhecimento Editorial Ltda.

O Espiritismo, a Magia e as
Sete Linhas da Umbanda
LEAL DE SOUZA

Todos os direitos desta edição reservados à
CONHECIMENTO EDITORIAL LTDA
www.edconhecimento.com.br
conhecimento@edconhecimento.com.br
Caixa Postal 404 – CEP 13480-970
Limeira – SP – Fone: 19 34510143

Nos termos da lei que resguarda os direitos autorais, é proibida a reprodução total ou parcial, de qualquer forma ou por qualquer meio — eletrônico ou mecânico, inclusive por processos xerográficos, de fotocópia e de gravação — sem permissão por escrito do editor.

Revisão:
Mariléa de Castro
Foto da capa:
Rogério Albuquerque
Projeto Gráfico:
Sérgio Carvalho

ISBN 978-85-7618-166-8
2ª Edição – 2008

• Impresso no Brasil • *Presita en Brazilo*

Dados Internacionais de Catalogação na Publicação (CIP)
(Câmara Brasileira do Livro, SP, Brasil)

Souza, Leal de
  O Espiritismo, a Magia e as Sete Linhas da Umbanda / Leal de Souza : — 2ª ed. — Limeira, SP : Editora do Conhecimento, 2008.
  — (Série memórias do espiritismo)

"1908-2008 — 100 anos de umbanda"
ISBN 978-85-7618-166-8

1. Espiritismo 2. Magia 3. Orixás 4. Umbanda (Culto) I. Título. II. Série.

08-11597   CDD – 299.60981
  Índices para catálogo sistemático:
  1. Umbanda : Rligiões afro-brasileira 299.60981

LEAL DE SOUZA

O ESPIRITISMO, A MAGIA E AS SETE LINHAS DA UMBANDA

Rio de Janeiro, 1933

2ª edição
2008

1908-2008 — 100 Anos de Umbanda

Hoje tem alegria!

Hoje tem alegria!
Hoje tem alegria!
*Hoje tem alegria, na nossa umbanda,
hoje tem alegria!*

Assim encerravam-se os trabalhos na Fraternidade do Grande Coração - Aumbandhã, centro de umbanda localizado na cidade de Campinas, em São Paulo, cuja orientação estava em mãos de Roger Feraudy, nosso saudoso amigo. Era a alegria pela gratidão que reinava nos corações dos encarnados, ali presentes, em mais uma oportunidade pelo trabalho realizado junto aos amigos espirituais das linhas da umbanda.

Hoje se comemora os cem anos dessa umbanda.

Cem anos desde aquele momento memorável em que Zélio Fernandino de Morais, incorporado pelo Caboclo das Sete Encruzilhadas, anunciava a criação de "uma religião voltada para o atendimento de todas as criaturas, nos dois planos da existência; uma religião baseada no Evangelho de Jesus, e que teria como seu maior mentor o Cristo"; uma religião em que os espíritos mais simples podiam se manifestar, pois, para a umbanda, até mesmo os mais humildes têm algo a ensinar.

Quinze de novembro de 2008 é realmente uma data para se comemorar com muita alegria. Se observarmos os caminhos percorridos pela umbanda, veremos que os desafios foram enormes, porém repletos de exemplos de humildade, paciência e compreensão.

A nova religião que, em seus primeiros momentos, precisou usar a denominação de *Espiritismo de Umbanda* para a sua legalidade no mundo dos homens, ainda carece de união entre os seus seguidores.

Fica aqui a nossa justa homenagem à umbanda, que definitivamente conquista seu lugar nos corações de muitos brasileiros, carentes de consolo e atenção. Essa é a maior ventura das linhas da umbanda, nas quais a sabedoria dos mais elevados assume a postura dos mais simples, mostrando que se pode chegar a todos os corações no trabalho com Jesus, pois "fora do amor e da caridade não há salvação".

Salve Umbanda!

Saravá aos filhos de fé!

Os editores.

Sumário

Apresentação 11
Apresentação do *Diário de Notícias* 19
1 - Explicação inicial 22
2 - Os perigos do espiritismo 24
3 - As subdivisões do espiritismo 27
4 - A transfusão do pensamento 29
5 - Os médiuns curadores 32
6 - Materialização 36
7 - O copo, a prancheta, a mesa 42
8 - Fenômenos de materialização e efeitos físicos espontâneos 45
9 - A cura da obsessão 48
10 - O falso espiritismo 51
11 - O baixo espiritismo 54
12 - A feitiçaria 57

13 - A macumba..................60
14 - A magia negra..................62
15 - A linha branca de umbanda e demanda..................66
16 - Os atributos e peculiaridades da linha branca..................71
17 - O despacho..................76
18 - As sete linhas brancas..................80
19 - A linha de santo..................85
20 - Os protetores da linha branca de umbanda..................87
21 - Os orixás..................91
22 - Os guias superiores da linha branca..................95
23 - O Caboclo das Sete Encruzilhadas..................97
24 - As tendas do Caboclo das Sete Encruzilhadas..................101
25 - A Tenda Nossa Senhora da Piedade..................105
26 - A Tenda de Nossa Senhora da Conceição..................109
27 - A Tenda Nossa Senhora da Guia..................112
28 - As festas da linha branca..................114
29 - Os que desencarnaram na linha branca..................117
30 - O auxílio dos espíritos na vida material..................120
31 - O kardecismo e a linha branca de umbanda..................122
32 - A linha branca, o catolicismo e as outras religiões..................129
33 - Os batizados e casamentos espíritas..................132
34 - A instituição de umbanda..................135
35 - O futuro da linha branca de umbanda..................137

Apresentação

Caro leitor!

Graças ao esforço da **EDITORA DO CONHECIMENTO**, teremos a partir de agora a oportunidade restrita a alguns poucos colecionadores, eruditos e estudiosos da umbanda, de entrar em contato com o pensamento de Antônio Eliezer Leal de Souza ou apenas Leal de Souza, como era conhecido. Pesquisador perspicaz traz-nos em *O Espiritismo, a Magia e as Sete Linhas da Umbanda*, aspectos revolucionários para a época em que a umbanda era praticamente desconhecida do grande público. Este livro foi publicado pela primeira vez em 1933 e é obediente ao perfil daquele momento histórico. No entanto, apresenta temas que ainda hoje podem ser considerados inovadores, sob o ponto de vista das religiões.

Leal de Souza, dirigente da Tenda Espírita Nossa Senhora da Conceição, ousou escrever sobre umbanda num jornal de grande divulgação do Rio de Janeiro, em 1932, em plena repressão da ditadura Vargas. Foi o primeiro umbandista que enfrentou a crítica feroz, ostensiva e pública, em defesa da umbanda. Isso aconteceu numa época em que era quase um crime de heresia falar de tal assunto. Foi também o precursor de um ensaio de codificação, ou melhor, foi o primeiro que tentou definir, em diversos artigos, o que era umbanda ou o que viria a ser no futuro esse *outro lado* que já denominava de linha branca de umbanda e demanda. Nessa época, para os fanáticos religiosos e espíritas sectaristas, tudo era apenas *macumbas*...

Matta e Silva, no livro *Umbanda e o Poder da Mediunidade*, cita:

> Leal de Souza foi o primeiro ensaísta de uma espécie de codificação, pois naquela época tentava classificar, segundo o seu conhecimento de então, as sete linhas da umbanda, sincretizadas com os santos da Igreja Católica, e ainda dissertava a sua magia.

A primeira série de artigos de Leal de Souza no *Diário de Notícias* deu origem a este livro, com 118 páginas, impresso nas antigas oficinas gráficas do *Liceu de Artes e Ofícios*, na Avenida Rio Branco, 174, Rio de Janeiro.

Nove anos antes, em 1924, o jornal *A Noite*, também do Rio de Janeiro, promoveu o inquérito sobre o espiritismo, organizado pelo mesmo jornalista, que deu origem ao livro *No Mundo dos Espíritos*, obra publicada em 1925 com 425 páginas.

Por vezes, diversos autores (inclusive eu) citam a importante obra *As Religiões do Rio,* de João do Rio (1904), para indicar que até aquele momento o vocábulo umbanda não havia sido registrado em livros ou jornais. Também é desconhecido, até

1925, o registro gráfico desse vocábulo. Daí a importância desse livro de Leal de Souza.

O inquérito foi realizado pelo jornalista e colaboradores por meio de inúmeras visitas aos centros espíritas cariocas, além de alguns terreiros de umbanda, geralmente registrados como tenda espírita ou centro espírita.[1] Essas visitas eram relatadas como artigos, no jornal *A Noite*. Estávamos em 1924 e Leal de Souza pouco conhecia da umbanda até então. Foi nesse ano que ele conheceu a Tenda Nossa Senhora da Piedade e Zélio de Moraes, em uma visita descrita por ele no livro. Ao contrário da obra de 1933, as práticas umbandistas foram pouco divulgadas neste livro. A palavra umbanda aparece poucas vezes ao longo da obra. A palavra macumba aparece três vezes. Os termos caboclo e preto velho são registrados ocasionalmente, e o termo orixá não é mencionado.

Nem o autor nem o jornal *A Noite* prometeram descobrir e fixar, por meio de observações nas práticas dos centros espíritas, a solução teórica dos problemas espirituais. Apenas explicitaram, através da publicação do inquérito com neutralidade rigorosa, a realidade por ele presenciada nos quatro cantos da antiga Capital Federal.

No livro *O Espiritismo, a Magia e as Sete Linhas da Umbanda* que a **EDITORA DO CONHECIMENTO**, num processo de resgate de grandes obras da literatura espiritualista, traz até você, Leal de Souza, nos seus artigos, não faz propaganda, porém, elucidação, mostrando-nos, as diferenciações do espiritismo no Rio de Janeiro da época, as causas e os efeitos que atribui às suas práticas, dizendo-nos o que é e como se pratica a feitiçaria, tratando não só dos aspectos científicos como ainda da linha

---

[1] Para fugir das perseguições policiais, pois os centros espíritas eram bem menos perseguidos dos que os terreiros de umbanda e candomblé.

de santo, dos pais de mesa, do uso do defumador, da água, da cachaça, dos pontos, em suma, da magia negra e branca.

Antes de mergulharmos na leitura desta valiosa obra, vamos conhecer um pouco o autor, poeta, ensaísta, critico literário, conferencista, jornalista, tabelião e, sobretudo, o primeiro escritor da umbanda.

Como tive o primeiro contato com a obra do autor?

No período de 1984 a 1990 fiz, acompanhado de Edison Cardoso de Oliveira, quatro visitas à Tenda Nossa Senhora da Piedade, instalada na época à rua Dom Gerardo, 51, na cidade do Rio de Janeiro, e duas visitas à Cabana de Pai Antônio, em Boca do Mato, Cachoeiras de Macacu, RJ.

Na primeira visita, em 1984, o meu pai espiritual Ronaldo Antonio Linares, recebeu das mãos de dona Zilméia de Moraes uma cópia do livro *O Espiritismo, a Magia e as Sete Linhas de Umbanda*. Pai Ronaldo cedeu-me, então, uma cópia deste precioso material que para nós, durante muito tempo, era o primeiro livro que falava de umbanda. Dois capítulos desse livro foram publicados em 1986, na primeira edição da obra *Iniciação à Umbanda*.

Recentemente, em agosto de 2008, quando estava terminando de escrever o livro *Umbanda Brasileira: um século de história* consegui um raro exemplar da obra *No Mundo dos Espíritos*, publicado em 1925, do mesmo autor. Este sim é o primeiro livro que trata da umbanda.

Pouco se sabia da vida de Leal de Souza até agora. Iniciei uma pesquisa, por intermédio da Internet, e consegui algumas referências de autores que escreveram sobre ele. Comecei, então, uma busca em "sebos", pelo Brasil afora, e consegui quinze preciosos livros, além de três outras obras de Leal de Souza. Para

Leal de Souza

minha surpresa, um poema seu foi psicografado por Chico Xavier, e o seu poema *Morte e Encarnação* foi publicado no livro *Antologia dos Imortais*, obra mediúnica, de 1963, que trata da imortalidade da alma. Transcrevo a seguir o poema:

Morte e reencanação

Morrer!... Morrer!... A gente crê que esquece,
Pensa que é santo em paz humilde e boa,
Quando a morte, por fim, desagrilhoa
O coração cansado posto em prece.

Mas, ai de nós!... A luta reaparece...
A verdade é rugido de leoa...
A floração de orgulho cai à toa,
Por joio amargo na Divina Messe.

No castelo acordado da memória
Ruge o passado que nos dilacera,
Quando a lembrança é fel em dor suprema...

Sempre distante o céu envolto em glória,
Porquanto em nós ressurge a besta fera
Buscando, em novo corpo, nova algema.

Antônio Eliezer Leal de Souza nasceu em Livramento (antiga Santana do Livramento), Rio Grande do Sul, em 24 de dezembro de 1880 (algumas fontes apontam a data de 24 de setembro de 1880). Quando jovem, foi alferes e participou da Guerra de Canudos. Cansado de sofrer prisões por combater o governo de Borges de Medeiros,[2] desligou-se do Exército, passsando a dedicar-se ao jornalismo, tendo sido redator de *A Federação* de Porto Alegre. Depois de algum tempo, foi para o Rio de Janeiro, onde cursou Direito, sem concluí-lo, porém. Nessa mesma cidade, teve destaque como diretor e repórter dos jornais *A Noite*, *Diário de Notícias* e *A Nota*. Como repórter deu o *furo* sobre o assassinato de Euclides da Cunha.

Freqüentava a roda literária formada por Olavo Bilac, Martins Fontes, Coelho Neto, Luis Murat, Goulart de Andrade, Alcides Maya, Aníbal Teófilo, Gregório da Fonseca, e outros.

A imprensa periódica surgiu no Brasil no inicio do século XX. Mais precisamente em 1900, foi lançada a *Revista da Semana*. Vieram em seguida: *O Malho* (1902), *Fon-Fon* (1907) e *A Careta* (1908), revista popular ilustrada com forte humor político. Leal de Souza foi diretor deste semanário que explorava o recurso das caricaturas, tão a gosto dos cariocas da época.

Leal de Souza é citado por diversas personalidades da nossa literatura, dentre eles, Câmara Cascudo, Alcides Maya, Fernando Góes, Klaus Becker, João Pinto, Roger Bastide, João de Freitas, Jorge Rizzini e Olavo Bilac.

Foi um participante ativo e dedicado, durante dez anos, da Tenda Nossa Senhora da Piedade e amigo pessoal de Zélio de Moraes, dali se afastando, por *ordem* e em boa paz, a mando do Caboclo das Sete Encruzilhadas, para dirigir a Tenda Nossa Senhora da Conceição.

Numa de suas entrevistas, no final de 1974, Zélio de Moraes faz referência à presença espiritual de Leal de Souza:

---

[2] Antônio Augusto Borges de Medeiros (Caçapava do Sul, 19 de novembro de 1863 — Porto Alegre, 25 de abril de 1961) foi um advogado e político brasileiro, tendo sido presidente do estado do Rio Grande do Sul por 25 anos, durante o período conhecido como República Velha. Borges de Medeiros foi representante da primeira geração republicana.

Pois bem, nessa ocasião em que o caboclo se manifestou, ele fez uma porção de referências do que ia acontecer e infelizmente tem acontecido. Nós estamos perto de 75 e assistimos também alguma coisa pra chamar essa humanidade a acreditar num Deus poderoso, num Deus criador e nós devemos vencer com a umbanda. Aqui estão o dr. Meireles, capitão Pessoa, Leal de Souza, Bandeira, salve, são eles que me acompanham, me ajudam na Terra, estão no espaço e também estão me ajudando, por isso eu solicito.

Em outra entrevista, em 1971, o Caboclo das Sete Encruzilhadas fazia também uma referência a Leal de Souza:

> Veio então mais tarde a formação de um jornal de propaganda para a nossa umbanda, aí contamos com o secretario da tenda, Luiz Marinho da Cunha, contamos com Leal de Souza e outros que eram fervorosamente espíritas pelas coisas que ele sentia e pelas coisas que ele recebeu, das graças de Deus, transmitidas por nós a sua pessoa.

Leal de Souza casou-se em 3 de outubro de 1918, com Gabriela Ribeiro Leal de Souza.

Faleceu em 1º de novembro de 1948 no Rio de Janeiro.

Escreveu as seguintes obras:
- *O Álbum de Alzira* (Porto Alegre, 1899);
- Editou, em Santa Maria (RS), 1915-1917, o *Almanaque Regional*;
- *Bosque Sagrado* (Rio de Janeiro, 1917);
- *A Mulher na Poesia Brasileira* (Rio de Janeiro, 1918);
- *A Romaria da Saudade* (Rio de Janeiro, 1919);
- *Canções Revolucionárias* (Rio de Janeiro, 1923);

- *No Mundo dos Espíritos* (Rio de Janeiro, 1925);
- *O Espiritismo, a Magia e as Sete Linhas da Umbanda* (Rio de Janeiro, 1933);
- *A Rosa Encarnada* – romance espírita (Rio de Janeiro, 1934);
- *Biografia de Getúlio Vargas* (Rio de Janeiro, 1940);
- *Transposição dos Umbrais* (opúsculo editado pela Federação Espírita Brasileira, editado em 1941, sobre a conferência proferida na mesma federação em 1924, Rio de Janeiro).

Vamos aplacar a nossa ansiedade e interpenetrar neste livro, no qual poderemos perceber como o autor escreve de forma natural, suave, clara e gostosa de ler.

Parabéns, prezado leitor! Você está de posse de mais uma grandiosa obra da literatura espiritualista que lhe proporcionará uma visão pedagógica dos primórdios da umbanda no Brasil.

Diamantino Fernandes Trindade[3] (Hanamatan)

---

3 Doutor em Educação pela PUC-SP, professor de História da Ciência do Instituto Federal de Educação - SP, pesquisador dos cultos afro-brasileiros, historiador da umbanda.

Diário de Notícias

Em sua edição matutina de 8 de novembro de 1932, o *Diário de Notícias*, da Capital Federal, anunciou:

"A larga difusão do espiritismo no Brasil é um dos fenômenos mais interessantes do reflorescimento da fé. O homem sente, cada vez mais, a necessidade de amparo divino, e vai para onde o arrastam os seus impulsos, conforme a sua cultura e a sua educação, ou para onde o conduzem as sugestões do seu meio. E o que se observa em nosso país assinala-se, igualmente, nos Estados Unidos e na Europa, atacada, nestes tempos, de uma curiosidade delirante pela magia.

Mas em nenhuma região o espiritismo alcança a ascendência que o caracteriza em nossa capital. É preciso, pois, encará-lo com a seriedade que a sua difusão exige.

Leal de Souza retratado no livro *Antologia dos Imortais* de Chico Xavier e Waldo Vieira.

No intuito de esclarecer o povo e as próprias autoridades sobre culto e práticas amplamente realizados nesta cidade, o *Diário de Notícias* convidou um especialista nesses estudos, o sr. Leal de Souza, para explaná-los, no sentido explicativo, em suas colunas.

Esses mistérios, se assim podemos chamá-los, só podem ser aprofundados por quem os conhece, e só os espíritas os conhecem. Convidamos o sr. Leal de Souza por ser ele um espírito tão sereno e imparcial que, exercendo até setembro do ano próximo findo o cargo de redator-chefe de *A Noite*, nunca se valeu daquele vespertino para propagar a sua doutrina e sempre apoiou com entusiasmo as iniciativas católicas.

O sr. Leal de Souza já era conhecido pelos seus livros, quando realizou o seu famoso inquérito sobre o espiritismo, *No Mundo dos Espíritos*, alcançando grande êxito pela imparcialidade e indiscrição com que descrevia as cerimônias e fenômenos então quase desconhecidos de quem não freqüentava os centros.

Depois de convertido ao espiritismo, o sr. Leal de Souza fez durante seis anos, com auxilio de cinco médicos, experiências de caráter cientifico sobre essas práticas, e principalmente sobre os trabalhos dos chamados caboclos e pretos.

O sr. Leal de Souza, nos seus artigos sobre *O Espiritismo e as Sete Linhas de Umbanda*, não vai fazer propaganda, porém, elucidações, mostrando-nos as diferenciações do espiritismo no Rio de Janeiro, as causas e os efeitos que atribui às suas práticas, dizendo-nos o que é e como se pratica a feitiçaria, tratando não só dos aspectos científicos como ainda da Linha de Santo, dos Pais de Mesas, do uso do defumados, da água, da cachaça, dos pontos, em suma, da magia negra e da branca.

Esperamos que as autoridades incumbidas da fiscalização do espiritismo e muitas vezes desaparelhadas de recursos para diferenciar o joio e o trigo, e o povo, sempre ávido de sensações e conhecimentos, compreendam, em sua elevação, os intuitos do *Diário de Notícias*.

Na próxima quinta-feira, iniciaremos a publicação dos artigos do sr. Leal de Souza, sobre o *Espiritismo, a Magia e as Sete Linhas de Umbanda*".

É a primeira série desses artigos, escritos diariamente ao correr da pena, que constitui este livro.

Capítulo 1
Explicação inicial

O Espiritismo não é clava para demolir, é uma torre em construção; e quanto mais se levanta tanto mais alarga os horizontes e a visão de seus operários, inclinando-os à tolerância, pela melhor compreensão dos fenômenos da vida.

Como nos ensina o seu codificador, o espiritismo não veio destruir a religião, porém consolidá-la e revigorar a fé, trazendo-lhe novas e mais positivas demonstrações da imortalidade da alma e da existência de Deus.

As religiões, sabem-nos todos, são caminhos diversos e às vezes divergentes, conduzindo ao mesmo destino terminal. O indivíduo que abraça com sinceridade uma crença e cumpre, de consciência reta, os seus preceitos, está sob a assistência de Deus, pois mesmo as regras que aos seus contrários parecem absurdas ou degradantes, como a confissão, no catolicismo, ou a benção solicitada aos pais de terreiro, no espiritismo de linha, revelam um grau de humildade significativo de radiosa elevação espiritual.

Seria negar a Deus os atributos humanos da inteligência e da justiça o fato de admitirmos que o Criador fosse capaz de desprezar ou punir as suas criaturas porque não o amam do mesmo modo, orando com as mesmas palavras, segundo os mesmos ritos.

Deus não tem partido e atende a todos os seus filhos de onde quer que o chamem, com amor e fé; parta a prece do coração de um cardeal, ajoelhado na glória suntuosa de um altar, ou saia a oração do peito de um sertanejo, caído no silencio pesado da selva. Os homens são quem escolhe, pela sua cultura ou pelas tendências de cada alma, em seus núcleos de evolução, a maneira mais propícia de cultuar e servir a Divindade.

Com estas idéias, é claro que não venho provocar polêmicas, e seria desconhecer os intuitos do *Diário de Notícias*, ou aventurar-me a propaganda agressiva dos meus princípios. Pretendo, nestes artigos, esclarecer, quanto permitam os meus conhecimentos, práticas amplamente celebradas nesta capital, estabelecendo diferenciações, para orientação popular, e mostrando a importância de coisas que, parecendo burlescas, são, com freqüências, sérias e até graves.

E, pois que tratarei também, e, principalmente, do espiritismo de linha, na formula da Linha Branca de Umbanda: — salve a quem tem fé; salve a quem não tem fé.

O Espiritismo, a Magia e as Sete Linhas de Umbanda   23

Capítulo 2
Os perigos do espiritismo

Os perigos atribuídos ao espiritismo são mais aparentes do que reais.

A perturbação ou desequilíbrio nervoso causado pelo receio de ver fantasmas desaparece com a freqüência às sessões, onde o trato com os desencarnados habitua às manifestações de sobrevivência da alma, repondo-as na ordem das coisas naturais. Mas as sessões nem sempre despertam aquele receio, e conforme a natureza da reunião, algumas, empolgando pela beleza ou surpreendendo pelo exotismo das cerimônias, não inspiram, mesmo a quem as assiste pela primeira vez, idéia de morte ou cemitério, pensamento em duende ou defunto.

Em relação à loucura, não conheço um só caso determinado pela frequência de centros espíritas. Conheço, é exato e numeroso, os de loucos que, tendo sido levados às sessões, não ficaram curados e foram internados nos hospícios como sendo vitimas do espiritismo. Desprezaram-se, para isso, todos os antecedentes para dar realce, com ânimo combativo, ao efêmero contato desses doentes com os médiuns.

Não se deve confundir a loucura com a obsessão. A loucura é consequência de uma lesão, ou a resultante do desequilíbrio de funções orgânicas. A obsessão é, através de diversas fases, a ação de uma entidade espiritual sobre um individuo encarnado, visando prejudicá-lo. Essa influência começa por uma simples aproximação, que se torna lesiva pela qualidade dos fluidos lançados pelo agente sobre o paciente; passa, depois, a atuação, e a inteligência deste se ressente das sugestões daquele; atinge, com freqüência, a posse, em que o obsedado se submete a um domínio estranho, e não raro a sua personalidade se afunda e desaparece, substituído, em seu corpo, sem ruptura dos elos essenciais à existência material, o seu espírito por outro espírito.

A obsessão que se confunde com a loucura não é determinada pelo espiritismo, e só o espiritismo pode curá-la. É fora dos recintos espíritas, no ambiente livre à ação de todas as entidades, que as pessoas possuidoras de predicados mediúnicos, e também as que não os possuem, são dominadas pelos obsessores que as levam para os hospícios, se não as socorre a caridade dos espiritistas.

Certas pessoas fazem leituras espíritas no isolamento, e, sofrendo abalos que lhes despertam forças psíquicas adormecidas, sentem angustias, anseios, perturbações aflitivas. Para esse estado há recursos de eficácia quase imediata.

Em algumas sessões, quando se intensifica o trabalho de natureza fluídica, os indivíduos que se iniciaram nelas experimentam, segundo a sua constituição, uma sensação esquisita de mal-estar, porém, os trabalhadores do espaço, e mesmo os da Terra, facilmente os acalmam, harmonizando-lhes os fluidos com os do ambiente.

Alarmam-se as famílias, observando a agitação dos doentes espirituais nos dias em que devem comparecer às sessões, mesmo quando ignoram que vão assisti-las. Isso representa e exprime a reação das entidades que os molestam, empenhando-se em impedir-lhes o acesso a um lugar onde elas serão reprimidas e afastadas.

Também depois do tratamento, já liberto dos obsessores, o reintegrado em si mesmo cai em mole prostração e necessita, muitas vezes, revigorar-se com tônicos, porque o seu organismo se ressente da ausência de fluidos alheios, do mesmo modo que se perturba, com a supressão do álcool, o organismo de um ébrio.

Perigos reais no espiritismo só os há para os médiuns que desviam a vida social e cometem erros conscientes. Esses, perdendo a assistência dos espíritos protetores, ficam sendo espelhos em que se refletem todos os transeuntes.

Capítulo 3
As subdivisões do espiritismo

O espiritismo no Rio de Janeiro, como em toda parte, varia em modalidades, dividindo-se em ramificações.

Possuímos, nesta capital, centros ligados pela orientação e pelos ritos à tradição dos velhos templos egípcios. Temos as diversidades das lojas teosóficas, a que faço, com simpatia, estas referências receosas, pelo dever de constatar-lhes a existência, pois muitos teosofistas não gostam de ser confundidos com os espíritas. Contam-se, também, institutos moldados com adaptações locais sobre antigos modelos indianos.

O espiritismo científico, com o rigor integral de suas pesquisas, é o menos cultivado na antiga capital do Brasil, certamente pelos pendores religiosos de nosso povo.

O kardecismo, que reputa os seus aderentes os únicos praticantes da doutrina, como a pregava Allan Kardec, igualmente varia, onímodo,[1] em seus processos e práticas. Há centros representativos da intransigente pureza do espiritualismo sem liga, e os há revestidos de altiva nobreza intelectual, a par dos humílimos, constituídos dos chamados pobres de espírito.

---

[1] Que não tem restrições; ilimitado.

Capítulo 4
A transfusão do pensamento

O ativo labor dos centros espíritas, sendo vário, é consagrado, uniformemente, aos menos em intenção, ao bem estar e à felicidade do próximo.

Fazem-se, em certas sociedades, e, sobretudo em algumas entroncadas no velho Oriente, concentrações telepáticas coletivas, sempre com objetivos elevados, tendo em vista efeitos determinados.

Denominam-nas, às vezes, mentalizações; outras, volições; não raro, volatilizações; e na maioria dos grêmios, concentrações.

Consistem elas em transmitir a dada pessoa, com o fim de influir beneficamente em sua conduta, uma onda forte de pensamento, muitas vezes carregada de magnetismo, que a envolva, sugerindo-lhe primeiro, e conduzindo-a depois, às realizações dos atos julgados necessários à sua felicidade, ou a de outrem.

Assim, num agrupamento reputado entre os adeptos do espiritismo, consagra-se uma sessão semanal diurna à "harmonia dos lares", procurando, durante duas horas, por meio dessas correntes telepáticas, reajustar os elos de união dos casais em desentendimento.

Talvez haja quem não acredite na eficácia desse generoso esforço, mas a minha impressão, baseando-se em pacientes observações, é que são muitíssimos os casos em que os transmissores obtêm êxito completo, e numerosos aqueles em que conseguem atenuar dissídios e desavenças domésticas.

Com as mesmas designações, e mediante o mesmo processo, procura se reabastecer de fluidos, à distância, um indivíduo de forças psíquicas depauperadas.

Neste caso, as mentalizações são comparáveis a transfusão do sangue com que um indivíduo sadio concorre fraternalmente para a restauração de um enfermo, e quem as faz também se despoja, em benefício do próximo, de energias necessárias ao equilíbrio de seu organismo. Os praticantes das mentalizações, porém, fazendo-as coletivamente, não se exaurem, e com facilidade, ajudados, às vezes, pelos seus guias, mediante o simples repouso das horas noturnas, readquirem os fluidos com que acudiram o irmão abatido e prostrado.

Aliás, em todos os centros, ocorre diariamente esse fenômeno da transfusão de energias psíquicas aos débeis e doentes, pois na maioria dos casos, os passes são, sem que o saiba com clareza quem os dá, uma satisfação da pobreza enfermiça de uns, com a abundância saudável de outros.

E não só nos centros; é principalmente nos lares que se opera, nos transportes do carinho materno, esse milagre de transfusão. Junto ao leito dos filhos atingidos pelas moléstias, as mães, no desesperado receio de perdê-los, desprendem de seu organismo poderosas ondas de fluidos magnéticos, que os envolvem e completam a ação dos remédios.

Capítulo 5
Os médiuns curadores

A quase totalidade das crianças revela portentosos predicados mediúnicos, porém só uma pequena minoria de adultos é constituída de médiuns. Assim, na quase totalidade dos indivíduos, a mediunidade se embota precocemente. Devemos, porém, considerá-las uma faculdade concedida à generalidade nas criaturas humanas, em grau diferente, dependendo o seu aproveitamento das circunstâncias adversas ou favoráveis de cada existência.

Parece à primeira vista, que para defender e conservar a mediunidade deveríamos desenvolvê-la na meninice. A experiência e os guias ensinam o contrário, pois o desenvolvimento em tenra idade perturba e compromete o organismo em constituição. As crianças, antes dos 12 anos, não devem ser admitidas nas sessões que não sejam de preces ou doutrinação, pois nas outras, basta o reflexo dos trabalhos para lhes abrir a mediunidade, e portanto, prejudicá-las.

Entre os médiuns, os mais conhecidos e procurados são, naturalmente, os curadores, os receitistas (Médiuns receitistas: têm a especialidade de servir mais facilmente de intérpretes aos Espíritos para as prescrições médicas). Importa não os confundir com os médiuns curadores, visto que, absolutamente, não fazem mais do que transmitir o pensamento do Espírito, sem exercerem por si mesmos influência alguma). A medicina os combate e a justiça os persegue. Sem examinar, nestes escritos, os direitos daquelas, e as razões desta, direi, apenas, que a mediunidade curativa se exerce em nome da caridade e não pode ter por objetivo negá-la aos médicos, tirando-lhes, como concorrente gratuita, os recursos de subsistência.

Logicamente, dentro da doutrina, deveriam recorrer aos médiuns curadores, em primeiro lugar, os pobres destituídos de meios para remunerar o clínico profissional; depois os enfermos julgados incuráveis, e, por fim, os crentes cuja fé exigisse o tratamento espiritual. Sob esse critério, a caridade continuaria a ser feita, conforme as necessidades reais dos doentes; não seria o médico atingido nos seus privilégios, nem a ciência perderia o estímulo pecuniário ao progresso.

Os médiuns curadores receitam por intuição, audição, incorporação, ou mecanicamente. Os intuitivos, em face do doente ou do seu nome, recebem do espírito que o examina a indicação telepática do medicamento a ser aplicado; os outros a ouvem. Nos médiuns de incorporação é o próprio espírito quem diretamente escreve ou dita a receita ao consulente. Nos mecânicos é ainda o espírito que lhes toma e domina o braço para escrever.

Aqueles que muitas vezes se enganaram em diagnósticos e tratamentos não admitem equívocos em receitas mediúnicas, e, geralmente, não os há nessas prescrições, pois só alcançam permissão para o exercício da medicina os espíritos em condições de não prejudicar os enfermos com erros e deficiências. Os receitistas do espaço muitas vezes são médicos que na vida terrena restringiram a clínica aos benefícios provenientes dela.

A perseguição oficial contra o receituário mediúnico produziu um efeito imprevisto: o desenvolvimento, sem possibilidade de repressão, da terapêutica fluídica, ministrada, se assim se pode dizer, pela ação direta das entidades espirituais sobre os organismos enfermos.

É grande, elevadíssimo, o numero de médicos que professam o espiritismo. Muitos são médiuns e receitistas; os outros muitas vezes recorrem àqueles medianeiros, considerando-os consultores. Entre os médicos não espíritas muitos admitem e até constatam as curas operadas mediunicamente. Alguns frequentam os centros espíritas no desejo de estudar os processos com que se restauram pessoas por eles reputadas incuráveis.

A um desses clínicos acompanhei, por algum tempo. Curioso, avidamente observando os trabalhos, dizia, em face dos resultados obtidos:

— Eu acho isso tudo absurdo, mas devo estar em erro, porque no fim sai certo.

No terceiro mês de suas investigações, descobriu que tinha qualidades de médium, e quis aproveitá-las, na esperança de facilitar as suas pesquisas. Começou a receber espíritos. Eu marcava, no relógio, a hora de sua incorporação e a da desincorporação. O maior período daquela foi de uma hora e vinte minutos. Ao reintegrar-se em sua personalidade, perguntou-me:

— Que fiz nessa hora? Não me lembro. Parece-me que estive dormindo, mas estou cansado. O meu protetor trabalhou?

— Trabalhou e brilhantemente.

Sério, o médico considerou:

— Pode ser que ele faça maravilhas, mas desde que com o meu corpo, e sem o meu conhecimento, não me serve a companhia:

Acrescentou:

— Os espíritos são egoístas, não revelam o que sabem. Aqui não se aprende nada. Deixo a Tenda e deixo o espiritismo.

E confessou num sorriso:

— Estou quase arrependido de ter emprestado o meu corpo. Receio que esse ilustre defunto possa encarapitar-se no meu lombo, sem o meu consentimento, e faça brilharetos[1] que me comprometam.

Foi dissipado esse receio.

---

[1] Atuação ou posição brilhante

Capítulo 6
Materialização

O estudo científico do espiritismo, com objetivo experimental, não deve ser feito em locais onde se realizem trabalhos espíritas de outra natureza. Sei, por experiência própria, que nos centros de caridade os resultados dessas tentativas são mais ou menos precários, pois os espíritos chamados sofredores invadem o recinto e perturbam as observações, sem que a finalidade dos centros permita afastá-los. Todos os pesquisadores que no Brasil chegaram à constatação positiva dos fenômenos de materialização efetuaram suas experiências em instalações especiais.

O ilustre médico dr. Oliveira Botelho, ministro da Fazenda no último governo constitucional, viu operar-se diante de seus olhos a ressurreição transitória de uma de suas filhas, por ele conduzida ao cemitério, sendo também consagradas pelo êxito pleno outras das experiências realizadas sob fiscalização rigorosa pelo sábio engenheiro dr. Américo Werneck, e algumas das quais assisti.

O dr. Werneck mandara preparar instalações adequadas à fiscalização, gradeando-as a ferro. Coube-me, de uma feita, a incumbência de exercê-la. Abri e fechei a única porta de acesso ao recinto, conservando comigo a chave; introduzi na sala as outras pessoas convidadas para a reunião; examinei o camarim destinado à retenção do médium; a mesa e as seis cadeiras existentes na sala.

Para não dar caráter religioso à reunião, o dr. Werneck não fez a prece inicial das sessões espíritas, limitando-se a pedir aos crentes que fizessem breve oração mental. Entramos no recinto, sob a minha fiscalização, seis pessoas além do médium, e meia hora depois éramos doze, sendo que as seis que eu não introduzi moviam-se a maneira de sombras hercúleas, falando entre si. Duas delas em seguida assumiram proporções normais de estatura. Perguntou-lhes o diretor dos trabalhos se lhes seria possível fazer ressoar o teto da sala e, imediatamente, por cima de nossas cabeças, estrondearam golpes fortes, repetindo-se por muitas vezes. Aproximando-se do lugar onde eu me achava, observou uma das sombras de contornos humanos:

— Está com medo que lhe roube a chave.

Eu apertava, de fato, por dentro do bolso, a chave da porta da sala de experiências.

Dissipados esses fantasmas, ocorreu o fenômeno principal da noite. Uma pulverização lactescente de luas cintilou na escuridão da sala, traçando, à medida que se condensava em desenho nítido, uma figura humana, até que transformou, aos nossos olhos, numa linda mulher moça, de longos cabelos soltos, vestindo um roupão branco rendado. Era, disseram-nos, a esposa do dr. Werneck, falecida aos 25 anos, e não deixava de ser emocionante a sua aparição, na plenitude da mocidade, ao lado do esposo septuagenário.

— A Judith tinha um caminhar embalado, disse um dos assistentes, habituado às materializações desse espírito.

— Judith, ande um pouco, pediu o engenheiro.

E, num circulo de luz espiritual, que a tornava plenamente visível, a ressurreta percorreu a ampla extensão do recinto, agitando em ondulações a brancura de suas vestes, e como eu era um dos presentes, que não assistira às suas materializações anteriores, acercou-se de mim.

— Veja! Será a mão de uma morta? — E tocou-me na mão.

Era tépida. Louvei as rendas de seu vestuário, e ela, erguendo o braço, em curva graciosa, estendeu-as; a da manga, sobre as minhas mãos:

— Pode ver. São antigas.

Ousei insinuar:

— Como seriam as sandálias, no seu tempo...

— No meu tempo eram chinelas — respondeu, e caminhando até a mesa existente no fundo da sala, voltou com uma pequena bilha e um copo.

Ofereceu e serviu água a todos os assistentes, trocando frases com eles, e depois de cumprimentar-nos, avisando que se retirava, repôs a bilha e o copo na mesa, e começou a esbater-se, desfazendo-se até desaparecer.

Também no Estado do Pará, em Belém, antes das desta capital, verificaram-se e foram até oficialmente constadas em atas assinadas pelo presidente e pelo chefe da policia do Estado, admiráveis materializações alcançadas com a médium Anna Prado. Testemunhou-se também, e descreveu-as, o sr. M. Quintão, que fez uma viagem ao norte para observá-las e viu um espírito materializado modelar a mão em cera de carnaúba, quente.

Os guias que trabalham com o dr. Werneck, disse-me este, eram enviados de João, o espírito que trabalhava com d. Anna Prado. Deve, pois, haver analogia entre as materializações desta capital e as de Belém, que o sr. M. Quintão assim descreve:

> A ansiedade do auditório era grande, profundo silêncio, quando alguém exclamou: — Eis o fantasma, a desenhar-se no canto da câmera escura, à direita. Não o vê? Não víamos... Olhe agora, ali, no outro canto, junto à parede.
> De fato, no canto indicado, à nossa frente, oscilava como que um lençol uma massa branca, que se foi condensando e resvalando cosida à parede — não havia três metros da câmara ao lugar em que me encontrava — chegando ao ponto em que estavam os dois baldes já de nós conhecidos e uma garrafa com aguarrás, destinada a temperar a cera para a confecção dos moldes e flores.
> O fantasma, sempre mais nítido, insinua-se bem perto, estaca de fronte do balde. Fixamo-lo à vontade: era um homem moreno, orçando pelos seus 40 anos, trazendo à cabeça um capacete branco; pelas mangas largas de amplo roupão também branco, saiam-lhe as mãos trigueiras e grandes. Os pés, não lhos divisamos.
> Chegou, cortejou, palpou os baldes, ergueu com a mão direita o que continha a cera quente; com a esquerda, elevando a garrafa de aguarrás à altura

Retrato de Anitta. *O Trabalho dos Mortos*, Nogueira de Farias.

do rosto, como que dosou o ingrediente. Depois arriando o balde, como para confirmar o seu feito, arrastou-o no chão, produzindo o ruído característico natural. Os seus gestos e movimentos eram perfeitos, naturais, humaníssimos, como se ali estivesse uma criatura humana. Isto posto, afastou-se e conservou-se a um canto da câmara escura, enquanto do outro canto surgia uma menina de seus treze anos, que dá o nome de Anitta.

Assim, tivemos uma dupla manifestação. Visíveis ao mesmo tempo, João, um homem, e Anitta — uma quase criança, enquanto ouvíamos interativamente o médium suspirar na "câmara escura" e o sr. M. Quintão largamente descreve as atitudes e ação dos fantasmas, nessa e em outras reuniões.

Espírito do Marujo. *O Trabalho dos Mortos*, Nogueira de Farias.

De algumas das materializações verificadas em Belém, tiraram-se fotografias, mediante uma fórmula especial, constante do livro *O Trabalho dos Mortos,* do senhor Nogueira de Faria.

Como se sabe, o espírito se materializa com os fluidos do médium. Entrando este em transe, começa a constituição do fantasma, e ao passo que a sua forma se acentua, o médium como que deperece, às vezes respirando em haustos e, não raro, exalando suspiros quase angustiosos. Os guias desses trabalhos exigem que não se aperte a mão, nem órgão algum do espírito materializado, porque imediatamente o médium se ressente e com freqüência adoece.

Capítulo 7
O copo, a prancheta, a mesa

Os fenômenos de efeitos físicos são vulgares, sendo facilmente verificáveis em qualquer ambiente, porém nos centros espíritas cariocas são estudados apenas esporadicamente, por um ou outro pesquisador ocasional.

Quase todas as famílias, ainda as que não são espíritas, conhecem e não raro efetuam as experiências do copo, da prancheta, ou da mesa. As duas primeiras se assemelham. Escreve-se o alfabeto em círculo, destacando-se cada letra, e no centro da roda se coloca o copo, de vidro ou cristal, sempre pequeno, ou a prancheta, e sobre aquele, em contato leve, um dedo, ou sobre esta, a mão. O espírito, por incorporação incompleta, ou pela posse e domínio parciais dos órgãos necessários, impulsiona o braço do médium, conduzindo o copo ou a prancheta às letras precisas para a formação das palavras tradutoras do seu pensamento. Mas o mais aconselhável, por dar menos motivos às dúvidas, é o espírito operar somente com os fluidos do médium, que pode ficar de olhos fechados, acompanhando, porém, com o braço, os movimentos do copo ou da prancheta que lhe levam a mão, orientando-a.

Mas, em circunstâncias favoráveis, sendo homogênea a corrente de pensamento, a prancheta e o copo se movem e deslocam, atingindo as letras, sem contato das mãos do médium.

Uma ocasião, em nossa casa, a conselho de um espírito, para atenuar a perturbação de pessoa de nossa família, fizemos uma experiência vulgar com uma pequena mesa de três pés, e como o exercício se tornasse monótono, enervando-nos, tentamos trabalhos mais difíceis, sem grande confiança em seu resultado. Adaptamos um lápis a uma caixa de fósforos, perfurando-a; pusemos esse engenho sobre uma folha de papel e o médium abriu as mãos por cima do lápis, encaixado, sem tocá-lo, a um palmo de altura. Em menos de cinco minutos, ouvimos a caixa estalar, como se a comprimissem, e vimo-la, em seguida, mexer-se, e, fazendo pressão sobre o lápis, escrever: "Com Deus".

Nas experiências com a mesa, geralmente a volatilização dos fluidos do médium se faz pela região do plexo solar e, sem perder a ligação com o aparelho humano, se condensa numa coluna que se apóia no solo e sobe, levantando a mesa. A energia desses fluidos, conforme a constituição do médium, alcança a sua potencialidade máxima num período que varia entre cinco e quinze minutos.

Quando fiz pesquisas dessa natureza para estudar os trabalhos fluídicos dos espíritos que se apresentam como sendo de caboclos e pretos, obtive demonstrações interessantes.

Sabeis, perguntou-me uma vez o guia, "que no corpo humano há um elemento, propriedade, essência, ou fluido, que desintegrado dele tem mais força do que o próprio organismo integrado"?

— Teoricamente — respondi.

Chamou um dos médiuns, uma moça franzina de 21 anos, e mandou-a colocar as mãos sobre uma mesa para dezesseis pessoas, que em menos de dez minutos se elevou a altura tal, que o médium, para não perder-lhe o contato, teve de erguer os braços e ficar quase em pontas de pés. Concluída essa fase da prova, mandou o guia o mesmo médium levantar a mesa com os braços, naturalmente, e a senhorita, não obstante os seus esforços, só lograva alçar-lhe uma das cabeceiras, ou um dos lados, mas nunca o todo.

Grawport, na Irlanda, conseguiu que os espíritos extraíssem o fluido de um médium, para pesá-lo. Postos, este numa balança, e aquele em outra, a que recebia os fluidos acusou o peso de 28 quilos e a do médium assinalou em seu peso uma diminuição correspondente, mas a experiência foi suspensa porque o paciente começou a sofrer angustias e aflições, com ameaças de vertigem.

O transporte de objetos de um para outro lugar, através de distâncias várias, e que não tive oportunidade de estudar convenientemente, é feito, segundo os espíritos, mediante um processo de desmaterialização e rematerialização.

Capítulo 8
Fenômenos de materialização
e efeitos físicos espontâneos

Os fenômenos chamados de efeitos físicos e os de materialização, que tantos cuidados e precauções exigem nos recintos especiais, ocorrem, muitas vezes, espontaneamente, em sítios impróprios e ambiente desfavorável, sem corrente que os auxilie. Já os verifiquei, em circunstâncias várias. Uma noite, para citar um caso de minha observação pessoal, embora feita por acaso, achando-me a escrever num quarto onde dormia um médium, ouvi um rumor e, olhando em torno, vi que se abriam as portas de um guarda-roupa e que de dentro saía, sem que ninguém o movesse ou tocasse, um daqueles formidáveis volumes contendo fac-símiles dos documentos da Independência do Brasil e mandados publicar pela prefeitura do Rio de Janeiro. O livro, que estava encostado ao fundo do móvel, por detrás de duas caixas de chapéus, saiu sem as deslocar e foi recostar-se a uma parede, onde ficou até a manhã seguinte. Como e por que aconteceu isso?

Vai para alguns anos, o ilustre jornalista Horácio Cartier, que prefaciou as minhas reportagens sob o título *No Mundo dos Espíritos*, levou-me a um cavalheiro que testemunhava fenômenos impressionantes. Solteiro, o senhor em questão, morando com irmãs também solteiras, em Real Grandeza, perto do cemitério de São João Batista, foi obrigado a mudar-se, porque em sua residência, a horas mortas e sem que as portas se abrissem, apareciam pessoas estranhas.

Transferindo-se para uma rua situada nas vizinhanças do túnel do Leme, foi também forçado a buscar outra morada, porque os mesmos fenômenos se repetiam na nova casa.

Vi-o, com o meu amigo, num prédio de sua propriedade, à rua dos Andradas, onde funcionou por muitos anos — disse-nos ele — uma pensão alegre de mulheres. Contou-nos, então, que as coisas pouco haviam mudado com a última mudança. Freqüentemente, à hora das refeições, um braço de mulher, desnudo e alvo, com pulseira, os dedos cheios de anéis, aparecia na mesa, e suspenso no ar, como se fosse de uma pessoa que ali estivesse sentada, retirava uma flor de um vaso, e se evaporava, deixando-a cair. Disse-nos que era vulgar o aparecimento de mãos delicadas segurando a cortina que separava a sala de jantar da de visitas e que uma ocasião sentiu-a correr por inteiro, e viu uma formosa mulher, muito branca, num luxuoso vestido de baile, emoldurada nos umbrais (ombreiras) sem portas.

O médium solitário constatava com serenidade os fenômenos, e ao verificá-los, assegurou, não sentia a mais leve sombra de medo, porém, naquele tempo andava aborrecido e contrariado, porque debaixo de seu leito rangiam e se arrastavam correntes que ninguém conseguia ver, mas que o não deixavam dormir.

O depoente era um homem discreto e reservado, de alta responsabilidade no comércio, e não me permitia relatar o seu caso, tendo entrado em contato comigo na esperança de que eu lhe fornecesse elementos para encontrar e explicação dos fenômenos fora do espiritismo. Não acreditava em espíritos.

Os fatos por ele narrados, iguais a centenas que enchem os livros, indicam que nem sempre é necessário produzir-se, no médium, o transe ou o sono hipnótico, para que se realize a materialização.

Capítulo 9
A cura da obsessão

Cura-se a obsessão, nos centros kardecistas, branda e lentamente, mediante a doutrinação do obsessor, e, como este freqüentemente tem numerosos companheiros, o doutrinador tem de multiplicar os seus esforços.

O obsessor, quando se atirou à pratica do mal, usou do livre arbítrio concedido por Deus a todas as criaturas, e o kardecista, no seu rigorismo doutrinário, procura demonstrar-lhe o erro, encaminhando-o para a felicidade. E, nesse elevado empenho, discute, ensina, pede, até convencê-lo.

O obsessor sempre resiste e cede demoradamente. Por isso, e para restaurar as forças físicas do obsedado, o kardecista, paralelamente à doutrinação, faz um tratamento de passes. Assim, cura o paciente e ao mesmo tempo regenera o agente do malefício.

Na linha branca de umbanda, o processo é mais rápido. O kardecista é um mestre; o filho de umbanda é um delegado judiciário. Entende que pode usar do seu livre arbítrio para impedir a prática do mal.

O espírito, o protetor, é, na linha branca de umbanda, quem se incumbe da cura. Inicialmente, verifica o estado fisiológico do enfermo, para regular o tratamento, dando-lhe maior ou menor intensidade. Em seguida, aconselha os banhos de descarga, para limpeza dos fluidos mais pesados, e o defumador para afastar elementos de atividade menos apreciável. Investiga, depois, a causa da obsessão, e se a encontra na magia, realiza imediatamente o trabalho propiciatório de anulação, igual ao que determinou a moléstia. Freqüentemente, basta esse trabalho para libertar o obsedado, que fica, por alguns dias, em estado de prostração.

Se a causa da doença (permitam-me o vocábulo) era antiga e o doente não se refez logo, e nos casos que não são ligados à magia, o protetor afasta o obsessor, manda doutriná-lo, e se o rebelde não se submete é levado para regiões ou estações do espaço de onde não pode continuar a sua atuação maléfica.

Não raro, quando o obsedado não assiste à sessão em seu benefício, o protetor, atraindo-o durante o sono, por um processo magnético, traz o seu espírito à reunião, e incita-o a reagir contra os estranhos que desejam dominá-lo; mostra-lhe que não está louco e que deve provar, com a sua conduta, a sua integridade mental.

À medida que os obsessores são afastados, para que o organismos do paciente não se ressinta da falta dos fluidos que lhe são retirados, fazem-se-lhe passes, e, finda a sua incumbência, com a restituição daquele a si mesmo, pede-lhe o protetor que procure qualquer médico da Terra ou do espaço, para seguir um tratamento reconstituinte, se a obsessão o depauperou.

Capítulo 10
O falso espiritismo

Consideram alguns, falso espiritismo o que se pratica fora de certas regras ou moldes, e como os processos variam, nos diferentes centros, e cada grupo julga o seu método ótimo e legítimo, esse critério restritivo restringiria o espiritismo verdadeiro a quatro ou cinco núcleos, que cada qual dos crentes diria ser o seu, e os de sua predileção.

Em meu conceito, o falso espiritismo tem duas faces: — a deturpação da doutrina e o fingimento sistemático de manifestações de espíritos. Ajustam-se essas duas faces num só rosto, constituindo a fisionomia dos exploradores que enganam e roubam os ingênuos ou ignorantes.

Há profissionais dessa exploração. Indivíduos audazes, e quase sempre de uma ignorância rebarbativa, dizendo-se em comunicação com espíritos, tecem histórias em torno do que lhe contam os consulentes e, desorientando-os, inventam cerimônias complicadas a que atribuem efeitos mágicos correspondentes aos objetivos de quem as paga. Às vezes, os fatos, em desdobramento independente da influência do embusteiro, coincidem com as suas promessas e logo a sua fama se alastra, consolidando a sua reputação.

Esses impostores podem chegar ao espiritismo por duas vias: alguns possuem predicados mediúnicos e desenvolvendo-os sem que o sintam, no esforço enganador de suas práticas, acabam sob o domínio de espíritos que os conduzem ao resgate, ou os convertem em instrumentos terríficos, conforme a categoria dessas entidades. Os outros, que não são médiuns, terminam encontrando-se com um desses aparelhos humanos, e, por intermédio dele, entram em contato com espíritos que, elevados ou não, sempre conseguem submetê-los aos seus fins. Os exploradores vivem, pois, entre duas ameaças, a da Terra e a do espaço; a da polícia, que os encarcera, e a do espírito, que lhes quebra a vontade, escravizando-o. Tais criaturas raro chegam à regeneração, numa existência, e desencarnaram na situação de miséria moral proveniente de sua atividade.

Há médiuns que se equiparam àqueles negociantes de mistérios, exercendo, por dinheiro, faculdades de que só se devem utilizar gratuitamente em benefício do próximo; porém se esses transviados persistem em seu comércio, são abandonados de seus protetores, e caem sob o poder de espíritos capazes de invalidá-los na sociedade, e que, às vezes, os obrigam a retornar aos centros, para lhes serem arrancados e afastados os novos atuantes de sua mediunidade.

Certos médiuns mistificam por fanatismo: — quando o

espírito, por qualquer causa, não se aproxima, ou não incorpora, receiam que os assistentes da cena percam a crença ou não se convertam ao espiritismo e para que isso não aconteça, comprometem, ao mesmo tempo, a sua doutrina, o espírito e o seu nome, com um ato lamentável de fingimento. Outros, por vaidade, cometem essas tristes mistificações, sendo sempre desmascarados, pois o médium não é capaz de produzir o que o seu protetor produz. Alguns erram, sem a intenção deliberada do embuste, por simples curiosidade: — ouvem dizer que o seu guia fez este ou aquele trabalho de beleza ou resultado excepcional, e, na primeira sessão, sob o desejo de ver o que os companheiros admiraram, não permitem ao trabalhador a incorporação completa, e prejudicam o seu labor.

Capítulo 11
O baixo espiritismo

Enquanto os homens não atingirem um grau uniforme de cultura, não poderá haver uniformidade de processos e de objetivos nas assembléias espíritas constituídas por elementos da Terra e do espaço, segundo os princípios da lei das afinidades, visando às necessidades desiguais das criaturas humanas.

Uma sessão espírita de médicos não pode ser igual a uma de estivadores; mas porque os médicos pairem em esfera intelectual mais elevada, não seria justo privar os estivadores do consolo sentimental e das vantagens morais do espiritismo.

Meter os trabalhadores na reunião dos sábios seria deslocá-los de seu meio, e até incompatibilizá-los com a doutrina, pois, nesse ambiente, o seu ensino e explanação seriam feitos através de conhecimentos e vocábulos inacessíveis à inteligência dos operários.

É certo que as sessões espíritas não se organizam por classes sociais, porém, os indivíduos de diversas categorias que as constituem ligam-se mais ou menos, entre si, pelas afinidades.

É preciso ainda, considerar que a cultura moral e a intelectual nem sempre andam juntas. Em geral, nas reuniões reputadas de baixo espiritismo, pela humildade de seus componentes, como pela ingenuidade de seus processos, o ambiente moral é de pureza translúcida.

A inteligência e o saber dos espíritos incumbidos da assistência a uma comunidade são sempre infinitamente superiores à mentalidade do grupo, mas o guia, para eficiência e frutificação de seu apostolado, transige com os educandos.

Se os irmãos reunidos em nome de Deus, pela fraqueza da inteligência, por hábito mental, e até por motivos metafísicos, não podem conceber o espírito puro e exigem o ponto de referência da imagem, o guia lhes faculta isso, mandando erguê-la e reverenciando, no local da reunião, o que ela representa. E assim no tocante à linguagem, adulterando-a, para que a compreendam, e em tudo o mais.

O Estado não tem interesse em combater esses humildes centros, porque a doutrina que neles se prega, no relativo aos poderes materiais, é da obediência absoluta à lei e à autoridade, mandando dar a Cesar o que é de Cesar.

Acredito que o interesse dos espíritas que se reputam superiores também não esteja em agredir e desmoralizar essas modestas agremiações, mas em entrar em convívio amistoso com o seus membros, ensinando-lhes, através da conversação, o que eles ignoram, e também aprendendo o que eles sabem.

Tenho encontrado, nesses pobres centros, almas iluminadas... Um dia, na estação do Meyer, estava caído e ensangüentado na rua um pobre homem. Passaram, em multidão apressada, olhando-o e deixando-o em seu abandono, as pessoas de todas as classes. E eu, que também passava, olhei-o e deixei-o como os outros. Mas chamaram, alto, o meu nome. Era um quarentão moreno, de bigodinho, a camisa aberta mostrando o peito suado, os instrumentos de trabalho enrolados no casaco, debaixo do braço. Eu não o conhecia.

— Vamos levar este irmão para a farmácia — disse-me com confiança e naturalidade.

Levamo-lo, a farmácia era perto, mas eu fiz um grande esforço: — o ferido era pesado. Entregamo-lo ao farmacêutico. O trabalhador perguntou-lhe:

— Precisa de nós?

— Não. Vou socorrê-lo até que venha a assistência. Já telefonei para o posto.

— Então, vamos ganhar a vida.

Vendo realizar-se a parábola do Evangelho, perguntei ao desconhecido quem lhe ensinara o meu nome. Disse-me que me vira num centro paupérrimo fazendo uma conferência.

E outra ocasião, numa assembléia de humildes, quando terminei uma alocução sobre a ignorância de certos presidentes de núcleos espíritas, o guia dos meus ouvintes, tomando o seu aparelho, apenas disse:

— Quando Jesus escolheu os seus discípulos, não os procurou entre os doutores, mas entre os humildes.

O baixo espiritismo não é o dos humildes, é o dos perversos, que o praticam por dinheiro, vendendo malefícios.

Capítulo 12
A feitiçaria

Além dos muitos outros cientistas, Grawford, professor de mecânica aplicada da Universidade de Belfast, com pacientíssimas experiências, provou que o corpo humano possui uma propriedade, ou fluido, que se exterioriza, e conseguiu fotografá-lo, exteriorizado.

O coronel Rochas, conhecido sábio francês, no seu livro sobre a *Exteriorização da Sensibilidade*, e em diversas obras, enumera experiências comprobatórias daquelas. Conta ele que, exteriorizada a sensibilidade de uma senhora e transportada para uma cadeira, passando-se a mão sobre o assento desse móvel, a senhora enrubesce num movimento de pudor. Acrescenta que, em prova semelhante, roçando-se com a ponta de um alfinete a sensibilidade exteriorizada, agitou-se o paciente num gemido, ao mesmo tempo em que sua epiderme se assinalava o traço contundente do alfinete.

É sobre essa propriedade, fluido ou sensibilidade suscetível de exteriorizar-se, que o feiticeiro geralmente atua para atingir a personalidade humana, podendo influir sobre o pensamento, causar moléstias, provocar a morte, e até beneficiar o organismo. O feiticeiro trabalha sem ou com o auxílio de espíritos de sua categoria, pelos princípios, mas dotados de formidável poder de atuação física, favorecidos pela invisibilidade, que os torna clandestinos.

Essas entidades são, freqüentemente, colaboradoras espontâneas dessas práticas, e por isso, muitas pessoas, sem que o pretendam, cometem atos análogos aos da feitiçaria, pois atraem com pensamentos vigorosos esses auxiliares intangíveis, que logo se transformam em agentes de vontades hostis ao próximo.

É por essa causa, e pela força ativa do pensamento que a inveja, sobretudo comprimida, e o ódio, principalmente o calado, causam, não raro, danos reais, sem que os seus cultores os manifestem em ações materiais.

Assim, qualquer indivíduo pode descer a essas práticas, que não exigem, nos casos vulgares, conhecimentos especiais, bastando atenção, muita atenção para realizá-las. Quem as efetua, porém, se expõe a perigos, pois se o dardo que lançou encontra resistência e é repulsado, retorna, com redobrada violência, contra quem arremessou. Quando o praticante se aventura a cometimentos que se aproximam da magia, que é regulada por uma liturgia conhecida de determinadas entidades imateriais, multiplica-se aquele perigo, pois às vezes um erro de insignificância aparente desencadeia, no espaço, forças que o punem com o esmagamento.

O feiticeiro é um trabalhador empírico. Desconhece as causas, em seus fundamentos, e conhece os efeitos, em seus resultados.

Capítulo 13
A macumba

A macumba se distingue e caracteriza pelo uso de batuques, tambores e alguns instrumentos originários da África. Essa música, bizarra em sua irregularidade soturna, não representa um acessório de barulho inútil, pois exerce positiva influência nos trabalhos, acelerando, com as suas vibrações, os lances fluídicos.

As reuniões não comportam limitações de hora, prolongando-se, na maioria das situações, até o alvorecer. São dirigidas sempre por um espírito, invariavelmente obedecido sem tergiversações, porque está habituado a punir os recalcitrantes com implacável rigor.

É, de ordinário, o espírito de um africano, porém também os há de caboclos. Os métodos, seja qual for a entidade dirigente, são os mesmos, porque o caboclo aprendeu com o africano.

Os médiuns que ajudam o aparelho receptor do guia da

reunião, às vezes, temem receber as entidades auxiliares. Aquele ordena-lhes que fiquem de joelhos, dá-lhes um copo de vinho, porém com mais freqüência, puxa-lhes, com uma palmatória de cinco buracos, dois alentados bolos.

Depois da incorporação, manda queimar-lhes pólvora nas mãos, que se tornam incombustíveis quando o espírito toma posse integral do organismo do médium.

Conhecendo essa prova e seus resultados quando a incorporação é incompleta, apassivam-se os aparelhos humanos, entregando-se por inteiro aqueles que devem utilizá-los.

Os trabalhos que, segundo os objetivos, participam da magia, ora impressionam pela singularidade, ora assustam pela violência, surpreendem pela beleza. Obrigam a meditação, forçam ao estudo, e foi estudando-os que cheguei a outra margem do espiritismo.

Capítulo 14
A magia negra

Despindo-se, através dos tempos, de sua imponente pompa litúrgica, a magia negra conserva, por toda parte, a quase totalidade de seu poder terrífico de outrora.

Como a branca, que lhe é adversa, a magia negra para consecução de seus objetivos, opera com as forças da natureza, propriedades de produtos da fauna e da flora do mar, de corpos minerais, de vegetais de vísceras e órgãos animais, com elementos do organismo humano, e com atributos ou meios só existentes nos planos extraterrestres. A sua influência atinge as pessoas, os animais e as coisas.

As entidades espirituais que realizam esses trabalhos possuem sinistra sabedoria, recursos verdadeiramente formidáveis, e energia fluídica aterradora.

Um desses espíritos tem se prestado a experiências, não só diante de conhecedores do espiritismo, como perante pessoas de brilho social no círculos da elegância. Assim, tomando o seu aparelho, isto é, incorporando-se ao seu médium, o faz triturar com os dentes, sem ferir-se, cacos de vidro. Caminha, de pés descalços, sobre um estendal de fundos de garrafas quebradas, sendo que, por duas vezes, convidados, levaram as garrafas e as quebraram, aguçando lâminas pontudas para o passeio do médium.

Ele demonstrou de uma feita, a um grupo de curiosos da alta sociedade, a importância de coisas aparentemente insignificantes. Nos centros do espiritismo de linha, pede-se, durante as sessões, que ninguém cruze as pernas e os braços. Parece uma exigência ridícula, e não o é. Provou-o, o espírito.

Quando, incorporado, passeava descalço sobre os cacos de vidro, para fazer compreender a transcendência daquela recomendação, mandou que uma senhora trançasse a perna, e logo os pedaços de vidro penetraram, ensangüentando os pés que os pisavam.

Para comprovar a força dos pontos da magia (desenhos emblemáticos, cabalísticos ou simbólicos), produziu uma demonstração sensacional. Escolheu sete pessoas, ordenou-lhes que se concentrassem sem quebra da corrente de pensamento, riscou no chão um ponto e decapitou um gato, cujo corpo mandou retirar, deixando a cabeça junto ao ponto.

— Enquanto não se apagar esse ponto, esse gato não morre e essa cabeça não deixa de miar.

Durante dezessete minutos, a cabeça separada do corpo miava dolorosamente na sala, enquanto lá fora, o corpo sem cabeça se debatia com vida. Os assistentes começavam a ficar aterrados. Ele apagou o ponto, e cessaram o miado gemente da cabeça sem corpo e as convulsões do corpo sem cabeça.

Tais entidades tem ufania de seu poder; são com freqüência, irritadiças e vingativas, mas, quando querem agradar a um amigo da Terra, não medem esforços para satisfazê-lo. As suas lutas no espaço, por questões da Terra, têm a grandeza terrível das batalhas e das tragédias.

Essa magia exerce diariamente a sua influência perturbadora sobre a existência, no Rio de Janeiro. Centenas de pessoas de todas as classes, pobres e ricos, grandes e pequenos, por motivos de amor, por motivos de ódio, por motivos de interesse, recorrem aos seus sortilégios. A política foi e continua a ser dos seus melhores e mais assíduos clientes.

Durante a revolução de São Paulo, essas hordas do espaço travaram pugnas furiosas, lançando-se umas contra as outras. As que se moveram pelos paulistas esbarraram com as que foram postas em ação em favor da ditadura e esses choques invisíveis nos planos que os nossos sentidos não devassam, certo ultrapassaram, em ímpeto, as arremetidas do plano material. Sobre o enraivecido desentendimento das legiões ditas negras, pairavam as falanges da linha branca de umbanda e os espíritos bons e superiores de todos os núcleos de nosso ciclo, levantando muralhas fluídicas de defesa para que os governantes de São Paulo e do Rio não fossem atingidos pela perturbação, e na plenitude de suas faculdades, medindo a extensão da desgraça, compreendessem a necessidade de negociar e concluir a paz.

Nesses dias da guerra civil, os terreiros da linha branca de umbanda tinham um aspecto singular: — estavam cheios de famílias aflitas, e quase desertos de protetores, pois as falanges todas se achavam no campo das operações militares, esforçando-se para atenuar a brutalidade da discórdia armada...

A atividade da magia negra tem três modos de ser contrastada: a oposição de seus próprios elementos, a defesa a que se obriga a linha branca de umbanda e a atuação dos guias superiores.

Creio que, perdendo a solene pompa do cerimonial antigo, a magia perdeu em eficiência, porque a colaboração do elemento humano pensante e sensível diminuiu. O homem que aspira ao domínio da magia necessita de aprofundar-se em estudos muito sérios, sobretudo os da ciência, para conhecer as propriedades dos corpos, e suas afinidades, e precisa, ainda, desenvolver e governar, com intransigência de ferro, as faculdades da alma, as forças físicas e as energias do instinto. Isso não é fácil, e o praticante da magia, em nosso tempo, tem de subordinar-se, em absoluto, à vontade de um espírito, que, em geral, só lhe permite um lucro mesquinho.

Nessas condições, o indivíduo que se poderia chamar o mago negro cada dia se tornara mais raro, desaparecendo, a pouco e pouco, o contato da humanidade com essa ordem de espíritos.

Nos centros dessa magia, conforme a finalidade das reuniões, os aparelhos humanos laboram vestidos, desnudos da cinta para cima ou totalmente despidos. Trabalha-se com entusiasmo, até para o bem, quando lhes encomendam.

Capítulo 15
A linha branca de umbanda e demanda

A organização das linhas no espaço corresponde a determinadas zonas na Terra, por largos ciclos no tempo.

Atendem-se, ao constituí-las, as variações de cultura moral e intelectual, aproveitando-se as entidades mais afins com as populações dessas paragens. Por isso, o espiritismo de linha se reveste, nos diversos países, de aspectos e característicos regionais.

Nas falanges da linha branca de umbanda e demanda já se identificaram índios de quase todas as tribos brasileiras, sendo que numerosos foram europeus em encarnações anteriores; pretos da África e da Bahia, portugueses, espanhóis, muitos ilhéus malaios, muitíssimos hindus.

Pode-se, no terreiro de umbanda, estudando-se as manifestações de caboclos e pretos, estabelecer as diferenças raciais, distinguir as tendências das mentalidades desses dois ramos da árvore humana, surpreender os costumes de seus povos e comparar as duas psicologias.

O caboclo autêntico, vindo da mata, através de um aprendizado no espaço, para a Tenda, tem o entusiasmo intolerante do cristão novo, é intransigente como um frade, atirando-nos à face os nossos defeitos, e até com as nossas atitudes se mete. Ouvindo queixas dos que sofrem as agruras da vida, responde zangado que o espiritismo não é para ajudar ninguém na vida material, e atribui os nossos sofrimentos a erros e faltas que teremos de pagar. Mas, em dois ou três anos de contato com as misérias amargas de nossa existência, suaviza a sua intransigência e acaba ajudando materialmente os irmãos encarnados, porque se condói de sua penúria e deseja vê-los contentes e felizes.

O preto, que gemeu no eito sob o bacalhau do feitor, esse não pode ver lágrima que não chore, e quase sempre sai a desbravar os caminhos dos necessitados, antes que lhe peçam. O negro da África difere um pouco do da Bahia; aquele, na sua bondade, auxilia a quem pode, porém, às vezes, se irrita com os jactanciosos e com os ingratos, mas o da Bahia, em casos semelhantes, enche-se de piedade, pensando nas dificuldades que os maus sentimentos vão levantar na estrada de quem os cultiva.

A linha branca de umbanda e demanda tem o seu fundamento no exemplo de Jesus, expulsando a vergalho os vendilhões do templo. Às vezes, é necessário recorrer à energia para reprimir o sacrilégio, consistente na violação das leis de Deus em prejuízo das criaturas humanas.

O homem prejudica o seu semelhante por inconsciência, ignorância ou maldade. Nos dois primeiros casos, a Lei de umbanda manda esclarecer a quem esta em erro, até convencê-lo de sua falta, impedindo-o, desde logo, de continuar a sua ação maléfica. No segundo caso, reprime singelamente o perverso.

Pra exemplificar: a polícia, com freqüência, sitia e fecha centros espíritas, ou que como tais se apresentam e prende os seus componentes. Quando o centro, como tantas vezes tem acontecido, é da linha branca, o seu guia considera:

— A autoridade cometeu uma injustiça, sem a intenção de cometê-la. O seu desejo era cumprir o dever, defendendo a sociedade. Confundiu a nossa linha com a outra, tratando-nos como malfeitores sociais. Devemos procurar esclarecer os poderes públicos, para evitar confusões semelhantes.

Se a casa atingida pela perseguição policial pertencia à magia negra, o que raríssimas vezes acontece, as entidades espirituais reagem e castigam até com brutalidade os repressores de sua atividade. Há muitos ex-delegados que conhecem a causa de desgraças que os feriram na situação social, na paz dos lares.

O objetivo da linha branca de umbanda e demanda é a prática da caridade, libertando de obsessões, curando as moléstias de origem ou ligação espiritual, desmanchando os trabalhos de magia negra, e preparando um ambiente favorável à operosidade de seus adeptos.

Os sofrimentos que nos afligem são uma prova, ou provação; ou provêm dos nossos próprios erros, ou da maldade dos outros. Em caso de prova, temos de suportá-la até o limite extremo, e os filhos de umbanda procuram atenuá-las, ensinando-nos a resignação, mostrando-nos a bondade de Deus, que nos permite o resgate de nossas culpas sem puni-las com penalidades eternas, descrevendo-nos os quadros de nossa felicidade futura. Se as nossas dores e dificuldades significam consequências de nossas faltas, os protetores de umbanda nos aconselham a repará-las, conduzindo-nos com amor e paciência ao arrependimento. Na terceira hipótese, reprimem energicamente os malvados que nos perseguem do espaço para cevar ódios da Terra. Nas angústias de nossa vida material, afastam de nosso ambiente, purificando-o, os fluidos da inveja, da cobiça, da antipatia e da inimizade.

O tratamento da obsessão, as curas das doenças de natureza espiritual, constituem os trabalhos de caridade; os outros, os de demanda; porém os dois são absolutamente gratuitos. Se algum médium se esquece de seus deveres e recebe dinheiro, ou coisa correspondente, pela caridade feita pelo seu protetor, este se retira, abandonando-o a entidades que em geral o reduzem à miséria.

A hierarquia, na linha branca, é positiva, mantendo-se com severidade. Todos os seus dirigentes espirituais proclamam e reconhecem a autoridade de Ismael, guia do espiritismo no Brasil.

A incorporação é sempre um fenômeno complexo, que se processa mediante ação psicológica, física e espiritual, e tem na linha branca de umbanda a expressão máxima de sua transcendência. Vulgarmente, basta que o espírito se assenhoreie dos órgãos cerebrais, vocais, e manuais, ou de todos os chamados nobres, para fazer a comunicação verbal ou escrita, e dar passes. Na linha branca, precisa apropriar-se de todo o organismo do médium, porque nesse corpo vai viver materialmente algumas horas, movendo-se, utilizando-se de objetos, às vezes suportando pesos. A incorporação na linha branca é quase uma reencarnação, no dizer de um espírito.

Dir-se-á que todos os socorros prestados pela linha branca poderiam sê-lo, sem os seus trabalhos, pelos altos guias, pelos espíritos superiores.

Os espíritos de luz que baixam à Terra e se conservam em nossa atmosfera, orientam falanges ou desempenham outras missões, e não contrariam, nem poderiam contrariar, desígnios em que se enquadram as funções de todos os servos da fé, grandes ou pequeninos. Se em algumas situações lhes é permitido exercer a sua ação instantânea em favor de quem soube merecê-la, na maioria das circunstâncias deixam o indivíduo, pelas faltas do passado ou pelas culpas do presente, submeter-se ao que lhe parece uma degradação.

Estamos numa época amargurada de arrogante orgulho intelectual e insolente vaidade mundana, e, para abater a propasia desses orgulhosos, os episódios de suas existências se encadeiam de modo a arrastá-los a implorar e a receber a misericórdia de Deus, por intermédio dos espíritos mais atrasados, ou que como tais se apresentam.

Capítulo 16
Os atributos e peculiaridades da linha branca

Os chamados atributos da linha branca de umbanda e demanda, em seu uso vulgar, causam viva impressão de extravagância ridícula às pessoas de hábitos sociais aprimorados, convencendo-as do atraso dos espíritos incumbidos de usá-los. Mas essas práticas assentam em fundamentos razoáveis. Procuremos esclarecê-las, dizendo, do pouco que sabemos, o que nos for permitido divulgar.

Antes, porém, é conveniente estabelecer e afirmar que as imagens muitas vezes existentes nos recintos das sessões da linha branca não representam um contingente obrigatório do culto, pois são apenas permitidas, ou, antes, significam uma concessão dos guias, tornando-se, com frequência, necessárias para atender aos hábitos e predileções de muitíssimas pessoas e de muitíssimos espíritos.

Quando se coloca uma imagem num recinto de trabalho,

celebra-se o seu cruzamento, cerimônia pela qual se estabelece a sua ligação fluídica com as entidades espirituais responsáveis pelas reuniões. Renova-se essa ligação automaticamente sempre que há sessão, durante a qual a imagem se transforma em centro de grandes e belos quadros fluídicos. Encaremos, agora, o assunto principal deste escrito.

Linguagem — A linha branca de umbanda e demanda tem um idioma próprio, para regular os seus trabalhos, designar os seus atributos e cerimônias, e evitar a divulgação de conhecimentos suscetíveis de uso contrário aos seus objetivos caridosos. Em suas manifestações, conversando entre si, os espíritos, para não serem entendidos pelos assistentes, empregam o linguajar de cabildas[1] africanas, de tribos brasileiras, das regiões onde encarnaram pela última vez. No trato com as pessoas, excetuados os grandes guias, usam da nossa língua comum, deturpando-a à maneira dos pretos ou dos caboclos. Esses trabalhadores do espaço desejam que os julguem atrasados, afim de que os indivíduos que se reputam superiores e são obrigados a recorrer à humildade de espíritos inferiores percebam e compreendam a sua própria inferioridade.

Roupa — Usam-se, em certos trabalhos, roupas brancas, para evitar o amortecimento e arritmia das vibrações, pelas diversidades de coloração. Pode-se acrescentar que os filhos de umbanda aconselham o uso habitual dos tecidos claros, pelas mesmíssimas razões expressas no apelo dirigido há anos pelo clube médico desta capital, quando pediu à população carioca o abandono dos padrões escuros.

1 Cabilda - Ajuntamento de gente mourisca, antiga e aparentada, que vive no mesmo lugar. *Glossário luso-asiático*, de Sebastião Dalgado, Universidade de Coimbra.

Calçados — Em certas ocasiões, trabalha-se com os pés descalços, quando não é possível mudar o calçado na tenda, pois os sapatos com que andamos nas ruas pisam e afundam, principalmente nas esquinas, em fluidos pesados que se agitam como gases à flor do solo, e dificultam as incorporações, ou se espalham pelo recinto da reunião, causando perturbações.

Atitudes — Não se permite cruzar as pernas e os braços durante as sessões, porque, como vimos na magia negra, essas atitudes quebram ou ameaçam violentamente a cadeia de concentração, impedem a evolução do fluido com que cada assistente deve contribuir para o trabalho coletivo; determinam, com essa retenção, perturbações físicas e até fisiológicas e impossibilitam a incorporação, quando se trata de um médium. Ao descer de certas falanges, como em alguns atos de descarga, sacode-se o corpo em cadência de embalo; na primeira hipótese, para facilitar a incorporação, e na segunda para auxiliar o desprendimento de fluidos que não nos pertençam.

Guia — É um colar de contas da cor simbólica de uma ou mais linhas. Fica, mediante o cruzamento, em ligação fluídica com as entidades espirituais das linhas que representa. Desvia, neutraliza ou enfraquece os fluidos menos apreciáveis. Periodicamente, é lavado, nas sessões, para limpar-se da gordura do corpo humano, bem como dos fluidos que se aderiram, e de novo cruzado.

Banho de descarga — Cozimento de ervas para limpar o fluido pesado que adere ao corpo, como um suor invisível. O banho de mar, em alguns casos, produz o mesmo resultado.

Cachaça — Pelas suas propriedades, é uma espécie de desinfetante para certos fluidos; estimula outros, os bons; atrai, pelas vibrações aromáticas, determinadas entidades, e outros bebem-na quando incorporados, em virtude de reminiscência da vida material.[2]

Fumo — Atua pelas vibrações do fogo, e do aroma. A fumaça neutraliza os fluidos magnéticos adversos. É freqüente ver-se uma pessoa curada de uma dor de cabeça ou aliviada do incomodo momentâneo de uma chaga, por uma fumarada.

Defumador — Atua pelas vibrações do fogo e do aroma, pela fumaça e pelo movimento. Atrai as entidades benéficas e afasta as indesejáveis, exercendo uma influência pacificadora sobre o organismo.

Ponto cantado — É um hino muitas vezes incoerente, porque os espíritos que nos ensinam, o compõem de modo a alcançar certos efeitos no plano material sem revelar aspectos do plano espiritual. Tem, pois, duplo sentido. Atua pelas vibrações, opera movimentos fluídicos e, harmonizando os fluidos, auxilia a incorporação. Chama algumas entidades e afasta outras.

Ponto riscado — É um desenho emblemático ou simbólico. Atrai, com a concentração que determina para ser traçado, as entidades ou falanges a que se refere. Tem sempre uma significação e exprime, às vezes, muitas coisas, em poucos traços.

Ponteiro — É um punhal pequeno, de preferência com cruzeta na manda, ou empunhadura. Serve para calcular o grau de eficiência dos trabalhos, pois as forças fluídicas contrárias, quando não foram quebradas, o impedem de cravar-se ou o der-

---

[2] Para maiores esclarecimentos sobre o uso do álcool e demais elementos físicos na prática umbandista, veja-se a obra *Umbanda, Essa Desconhecida*, de Roger Feraudy, **EDITORA DO CONHECIMENTO**.

rubam, depois de firmado. Tem ainda a influência do aço, no tocante ao magnetismo e à eletricidade.

Pólvora — Produz, pelo deslocamento do ar, os grandes abalos fluídicos.

Pemba — Bloco de giz. Usa-se para desenhar os pontos.

Esses recursos e meios não são usados arbitrariamente em qualquer ocasião, nem são necessários nas sessões comuns. A pólvora, por exemplo, só deve ser empregada em trabalhos externos, realizados fora da cidade, ao ar livre. Nos últimos anos, os guia não têm permitido que os centros ou tendas guardem ou possuam em suas sedes pemba, punhais, ou pólvora, concorrendo, com as suas instruções, para que sejam obedecidas as ordens das autoridades públicas.

Capítulo 17
O despacho

O despacho, nas linhas negras, é um presente, ou uma paga, para alcançar um favor, muitas vezes consistente no aniquilamento de uma pessoa.

Quando o feiticeiro trabalha sozinho, isto é, sem o auxílio de espíritos, o despacho representa uma concentração que se prolonga, por diversas fases; se com esses auxiliares, visa atirá-los contra o indivíduo perseguido; se é da magia, contém, ainda, os corpos cujas propriedades devem ser volatizadas.

Assim, o despacho varia nos elementos componentes e na preparação, conforme o seu objetivo e a natureza das entidades que o realizam, e como as espirituais são materialíssimas, e de gosto abaixo do vulgar, a oferta lhes revela essas qualidades. Pergunta-se, com espanto, se aqueles aos quais se destina a oferenda comem as comedorias que por vezes lhes são levadas. Certo, não as comem, mas extraem delas propriedades ou substâncias que lhes dão a sensação de que as comeram, satisfazendo apetites contraídos na vida terrena, ou adquiridos no espaço, pelo exemplo de outros, a que se abandonaram.

O despacho exerce a sua influência de quatro maneiras: pela ação individual do feiticeiro, em contato fluídico com a vítima; pela ação das entidades propiciadas, causando-lhe exasperações, inquietando-a, atacando-lhe determinados órgãos, perturbando-lhe o raciocínio com sugestões telepáticas, dominando-lhe o cérebro, produzindo moléstias e até a morte; pelo reflexo das propriedades volatizadas e corpos usados pela magia, e pela conjugação de todos esses meios.

A linha branca de umbanda anula esses despachos por processos correlatos. Quando se trata da atuação individual do feiticeiro, desvia o seu pensamento, deixando-o perder-se no espaço, para dar-lhe a impressão de sua impotência e evitar o choque de retorno, que lhe demonstraria que o seu esforço foi contrariado, estimulando-o a recomeçá-lo. Propicia às entidades em atividade prejudicial, ofertando-lhes um despacho igual ao que as moveu ao maléfico, afim de que elas se afastem do enfeitiçado, e freqüentemente faz outro despacho aos espíritos das falanges brancas, mais afins com a pessoa a quem se defende, com o objetivo, este segundo despacho, de atraí-las, por meio de uma concentração prolongada, para que auxiliem a restauração mental e física de seu protegido. Volatiza as propriedades de corpos suscetíveis a neutralizar os que foram empregados pela magia. Conjuga todos esses recursos, e quando as entidades propiciadas recusam os presentes e insistem na perseguição, submete-as com energia.

Os despachos aos elementos da linha negra, isto é, a exu,[1]

---
1 A respeito dos exus, existem opiniões controversas, pois nos dias atuais é grande o consenso em que essas entidades não são entidades nefastas como afirmam os adéptos das práticas mágicas populares dentre outras religiões. O médium e fun-

ao povo da encruzilhada, são feitos nos lugares que lhe deu essa designação. Os destinados a atrair os socorros dos trabalhadores da linha branca, de ordinário simples e não raro de algum encanto poético; fazem-se alguns, tais os de Euxoce (Oxóssi), e Ogum, nas matas; outros, como os de Xangô, nas pedreiras; muitos, e entre esses os de Amanjár (Iemanjá) nas praias ou no oceano; e aqueles, a exemplo dos de Cosme e Damião, que se dirigem aos espíritos dos que desencarnaram ainda crianças, no macio gramado dos jardins e prados floridos.

Estranha-se que a linha branca de umbanda, trabalhando exclusivamente em benefício do próximo, tenha, alguma vez, realizado despachos com Terra de cemitério. Explica-se com facilidade a razão que a obriga, em certas circunstâncias, a esse recurso extremo.

Localiza-se nos cemitérios uma vasta massa de espíritos inconscientes, semi-inconscientes; ou tendo uma noção confusa da morte e fazendo um conceito errôneo de sua triste situação: — é o chamado povo do cemitério. A magia negra e os feiticeiros os atraem e aproveitam para objetivos cruéis, de uma perversidade revoltante. Com freqüência, quando um desses espíritos perde de todo a noção de sua individualidade, convencem-no de que

---

dador da umbanda Zélio Fernandino de Morais em entrevista gravada no dia 22 de outubro de 1977 afirma: "O nosso chefe, 'o Caboclo das Sete Encruzilhadas' nos ensinou assim, e isto faz 60 anos, que o Exú é um trabalhador. Como na polícia tem soldado, o chefe de polícia não prende, o delegado não prende, quem prende são os soldados, cumprem ordens dos maiorais, então o Exú é um espírito que se encosta na falange, que aproveita para fazer o bem, porque cada passo para o bem que eles fazem vai aumentando a sua luz, de maneira, que quando despertado ele vai trabalhar, quer dizer, vai pegar, vai seduzir este espírito que está obsedando alguém, então este Exú vai evoluir. É assim que o Caboclo das Sete Encruzilhadas nos ensinava." Essa narrativa foi retirada do site da Casa Branca de Oxalá, que identifica o texto acima proveniente da fita de nº 50 do acervo da Biblioteca da Casa Branca de Oxalá. O texto integral pode ser obtido no endereço:
http://www.casabrancadeoxala.blogspot.com/2008/09/ex-e-pomba-gira-na-umbanda.html

ele é uma determinada pessoa ainda viva no mundo material, e mandam-no procurá-la, para tomar conta do seu corpo. Na sua perturbação, com os fluidos contaminados de propriedades cadavéricas, ele, na convicção de ser quem não é, encosta-se ao outro, num esforço desesperado de reintegração, transmitindo-lhe moléstias terríveis, abalando-o mentalmente e até arrastando-o ao campo santo, à procura da tumba. Para desfazer esse sortilégio, com os cuidados devidos ao espírito infeliz e à pessoa a quem ele se apegou, é necessário recorrer ao meio de que lançou mão, para produzir o mal, a magia negra.

Na noite das grandes meditações piedosas, quando, através de oceanos e continentes, a cristandade comemora, com sentimento uníssono, o martírio de Jesus, o Cristo, é que se fazem os mais funestos despachos macabros da banda negra. Violam-se túmulos, roubam-se cadáveres, profana-se a maternidade, em operações de magia sobre o ventre de mulheres grávidas, e uma onda sombria de maldade se alastra, espalhando o sofrimento e o luto.

A linha branca de umbanda não pode cometer, mesmo na defesa do próximo, sacrilégios e profanações, e conjuga a ação combinada de suas sete linhas para dominar essa torrente de treva nefasta. A linha de Xangô, sobretudo, se consagra à reparação do que foi destruído, a de Amanjár (Iemanjá) lava e limpa o ambiente, as de Oxalá e Nha-San (Iansã) amparam os combalidos, enquanto os sagitários de Euxoce (Oxóssi) e falange guerreira de Ogum dominam e castigam os criminosos do espaço.

E, no entanto, o pobre filho de umbanda, templário da ordem branca, surpreendido pela polícia à hora de arriar o despacho, sofre o vexame da prisão e o escândalo dos jornais porque sacrificou o seu repouso à defesa e ao bem-estar do próximo.

Capítulo 18
As sete linhas brancas

A linha branca de umbanda e demanda compreende sete linhas: a primeira de Oxalá; a segunda de Ogum; a terceira, de Euxoce (Oxóssi); a quarta, de Xangô; a quinta de Nha-San (Iansã); a sexta de Amanjar (Iemanjá); a sétima é a linha de santo, também chamada de linha das almas.

Essas designações significam, na língua de umbanda — a primeira, Jesus, em sua invocação de N. S. do Bonfim; a segunda, São Jorge; a terceira, São Sebastião; a quarta, São Jerônimo; a quinta, Santa Bárbara. E a sexta, a Virgem Maria, em sua invocação de N. S. da Conceição. A linha de santo é transversal, e mantém a sua unidade através das outras.

Cada linha tem o seu ponto emblemático e a sua cor simbólica. A de Oxalá, a cor branca; a de Ogum a encarnada; a de Euxoce (Oxóssi), verde; a de Xangô, roxa; a de Nha-San (Iansã), amarela; a de Amanjar (Iemanjá), azul.

Oxalá é a linha dos trabalhadores humílimos; tem a devoção dos espíritos de pretos de todas as regiões, qualquer que seja a linha de sua atividade, e é nas suas falanges, com Cosme e Damião, que em geral aparecem as entidades que se apresentam como crianças.

A linha de Ogum, que se caracteriza pela energia fluídica de seus componentes, caboclos e pretos da África, em sua maioria, contém em seus quadros as falanges guerreiras de demanda.

A linha de Euxoce (Oxóssi), também de notável potência fluídica, com entidades frequentemente dotadas de brilhante saber, é, por excelência, a dos indígenas brasileiros.

A linha de Xangô pratica a caridade sob um critério de implacável justiça: — quem não merece, não tem; quem faz, paga.

A linha de Nhan-San (Iansã) consta de desencarnados que na existência terrena eram devotos de Santa Bárbara.

A linha de Amanjár (Iemanjá) é constituída dos trabalhadores do mar, espíritos das tribos litorâneas, de marujos, de pessoas que perecem afogadas no oceano.

A linha de santo é formada de pais de mesa, isto é, de médium de "cabeça cruzada", assim chamados porque se submeteram a uma cerimônia pela qual assumiram o compromisso vitalício de emprestar o seu corpo, sempre que seja preciso, para o trabalho de um espírito determinado, e contraíram "obrigações", equivalentes a deveres rigorosos e realmente invioláveis, pois acarretam, quando esquecidos, penalidades aspérrimas e inevitáveis.

Os trabalhadores espirituais da linha de santo, caboclos ou negros, são egressos da linha negra, e têm duas missões essenciais na branca — preparam, em geral, os despachos propiciatórios ao povo da encruzilhada, e procuram alcançar amigavelmente de seus antigos companheiros, a suspensão de hostilidades contra os filhos e protegidos da linha branca. Por isso, nos trabalhos em que aparecem elementos da linha de santos, disseminados pelas outras seis, estes ostentam, com as demais cores simbólicas, a preta, de exu.

Na falange geral de cada linha figuram falanges especiais, como na de Euxoce (Oxóssi), a de Urubatan, e na de Ogum, a de Tranca-Rua, que são comparáveis às brigadas dentro das divisões de um exército.

Todas as falanges têm característicos próprios para que se reconheçam os seus trabalhadores quando incorporados. Não se confunde um caboclo da falange de Urubatan, com outro de Araribóia, ou de qualquer legião.

As falanges dos nossos indígenas, com os seus agregados, formam o "povo das matas"; a dos marujos e espíritos da linha de Amanjar (Iemanjá), o "povo do mar"; os pretos africanos, o "povo da costa"; os baianos e mais negros do Brasil, o "povo da Bahia".

As diversas falanges e linhas agem em harmonia, combinando os seus recursos para a eficácia da ação coletiva. Exemplo:

Muita vez, uma questiúncula mínima produz uma grande desgraça... Uma mulatinha que era médium da magia negra, empregando-se em casa de gente opulenta, foi repreendida com severidade por ter reincidido na falta de abandonar o serviço para ir à esquina conversar com o namorado. Queixou-se ao dirigente do seu antro de magia, exagerando, sem dúvida, os agravos, ou supostos agravos recebidos, e arranjou contra os seus patrões um "despacho" de efeitos sinistros.

Em poucos meses, marido e mulher estavam desentendidos, um, com os negócios em descalabro, a outra, atacada de moléstia asquerosa da pele, que ninguém definia, nem curava. Vencido pelo sofrimento e sem esperança, o casal, aconselhado pela experiência de um amigo, foi a um centro da linha branca de umbanda, onde, como sempre acontece, o guia, em meia hora, esclareceu-o sobre a origem de seus males, dizendo quem e onde fez o "despacho", o que e por que mandou fazê-lo.

E, por causa desse rápido namoro de esquina, uma família gemeu na miséria, e a linha branca de umbanda fez, no espaço, um de seus maiores esforços.

Propiciou-se as entidades causadoras de tantos danos, com um "despacho" igual ao que as lançou ao malefício, e, como o presente não surtisse resultado, por não ter sido aceito, os trabalhadores espirituais da linha de santo agiram, junto aos seus antigos companheiros de encruzilhada, para alcançar o abandono pacífico dos perseguidos, mas foram informados que não se perdoava o agravo a médiuns da linha negra.

Elementos da falange de Euxoce (Oxóssi) teceram as redes de captura, e os secundou, com o ímpeto costumeiro, a falange guerreira de Ogum, mas a resistência adversa, oposta por blocos fortíssimos, de espíritos adestrados nas lutas fluídicas, obrigou a linha branca a recursos extremos, trabalhando fora da cidade, à margem de um rio. Com a pólvora sacudiu-se o ar, produzindo-se formidáveis deslocamentos de fluidos; apelou-se, depois, para os meios magnéticos, e, por fim, as descargas elétricas fagulharam na limpidez puríssima da tarde.

Os trabalhadores de Amanjar (Iemanjá), com a água volatizada do oceano, auxiliados pelos de Nha-San (Iansã), lavaram os resíduos dos maléficos desfeito e, enquanto os servos de Xangô encaminhavam os rebeldes submetidos, o casal se restaurava na saúde e na fortuna.

Capítulo 19
A linha de santo

A missão da linha de santo, tão desprezada quanto ridicularizada até nos meios cultos do espiritismo, é verdadeiramente apostolar.

Os espíritos que a constituem, mantendo-se em contato com a banda negra, de onde provieram, não só resolvem pacificamente as demandas, como convertem, com hábil esforço, os trabalhadores trevosos.

Esse esforço se desenvolve com tenacidade, numa gradação ascendente.

Primeiro, os conversores lisonjeiam os espíritos adestrados nos malefícios, gabam-lhes as qualidades, exaltam-lhe a potência fluídica, louvam a mestria de seus trabalhos contra o próximo, e assim lhes conquistam a confiança e a estima.

Na segunda fase do apostolado, começam a mostrar aos malfeitores o êxito de alcançar a linha branca, com a excelência de seus predicados.

Aproveitando para o bem um atributo nocivo, como a vaidade, os obreiros da linha de santo passam a pedir aos acolhidos para a conversão, pequenos favores, consistentes em atos de auxílio e benefício a esta ou àquela pessoa, e, realizado esse obsequio, levam-nos a gozar, como uma emoção nova, a alegria serena e agradecida do beneficiário.

Convidam-nos, mais tarde, para assistir aos trabalhos da linha branca, mostrando-lhes o prazer com que o efetuam em cordialidade harmoniosa, sem sobressaltos, os operários ou guerreiros do espaço, em comunhão com homens igualmente satisfeitos, laborando com a consciência em paz.

Fazem-nos, depois, participar desse labor, dando-lhes, na obra comum, uma tarefa à altura de suas possibilidades, para que se estimulem e entusiasmem com o seu resultado.

E quando mais o espírito transviado intensifica o seu convívio com os da linha de santo, tanto mais se relaciona com os trabalhadores do amor e da paz, e, para não se colocar em esfera inferior àquela em que os vê, começa a imitar-lhes os exemplos, elevando-se até abandonar de todo a atividade maléfica.

Depois que esse abandono se consumou, o converso não é incluído imediatamente na linha, mas fica como seu auxiliar, uma espécie de adido, trabalhando sem classificação. Geralmente, nessa fase, exalta-o o desejo de se incorporar efetivamente às falanges brancas e a seu trabalho de fé se reveste daquele ardor com que se manifestam, pela ação ou pelo verbo, os crentes novos.

Permitida, afinal, a sua inclusão na linha de santo, ou em alguma outra, o antigo serventuário do mal vai resgatar as suas faltas, corrigindo as alheias.

Capítulo 20
Os protetores da linha branca de umbanda

Os protetores da linha branca de umbanda e demanda, invariavelmente são, ou dizem que são, caboclos ou pretos.

Entre os caboclos, numerosos foram europeus em encarnações anteriores, e a sua reencarnação no seio dos silvícolas não representa um retrocesso, mas o início, pela identificação com o ambiente, da missão que, como espíritos, depois de aprendizado no espaço, teriam de desempenhar na Terra. Outros pertenceram, na última existência terrena, a povos brancos do Ocidente, ou amarelos, da Ásia, e nunca passaram pelas nossas tribos. Os restantes, porém, com o círculo de sua evolução reduzido, até o presente, à zona psíquica do Brasil, têm encarnado e reencarnado, com alternativas, em nossas cidades ou matas, estando quase todos, no espaço, há mais de meio século. O mesmo, quanto a negros.

Esses protetores se graduam numa escala que ascende dos

mais atrasados, porém cheios de bondade, aos radiantes espíritos superiores.

O protetor, na linha branca é sempre humilde e, com a sua língua atravessada, ou incorreta, causa uma impressão penosa de ignorância, mas freqüentemente, pelos deveres de sua missão, surpreende os seus consulentes, revelando conhecimentos muito elevados.

Exemplo:

Uma ocasião, numa pequena reunião de cinco pessoas, um protetor caboclo descarregava os maus fluidos de uma senhora, enquanto também incorporado, um preto velho, Pai Antônio, fumava um cachimbo, observando a descarga.

— Cuidado, caboclo — avisou o preto. O coração dessa filha não está batendo de acordo com o pulso.

— Como é que Pai Antônio viu isso? Deixe verificar — pediu um médico presente à sessão.

Depois da verificação, confirmou o aviso do preto, que o surpreendeu de novo, emitindo um termo técnico da medicina, e explicando que o fenômeno não provinha, como acreditava o clínico, de suas causas fisiológicas, porém de ação fluídica, tanto que terminada a descarga, se restabelecia a circulação normal no organismo da dama. E assim aconteceu.

O doutor, então, quis conversar sobre a sua ciência com o espírito humilde do preto, e, antes de meia hora, confessava, com um sorriso, e sem despeito, que o negro abordara assuntos que ele ainda não tivera oportunidade de versar, e estranhava:

— Pai Antonio não pode ser o espírito de um preto da África e não se compreende que baixe para fumar cachimbo e falar língua inferior ao cassanje (dialeto crioulo do português falado nessa região; por ext. português mal falado e escrito.)

— Eu sou preto, meu filho.

— Não, Pai Antonio. O senhor sabe mais medicina do que eu. Por que fala desse modo? Há de ser por alguma razão.

O preto velho explicou:

— Eu não baixo em roda de doutores. Doutor, aqui só há um, que és tu, e nem sempre vens cá. Depois, meu filho, se eu começo a falar língua de branco, posso ficar tão pretensioso como tu, que dizes saber menos medicina de que eu disse, numa linguagem, arrevesada, que traduzimos.

Os protetores da linha branca em geral se especializam, no espaço, em estudos ou trabalhos de sua predileção na Terra e baixam aos centros e incorporam para um objetivo definido. Acontece, porém, que muitas vezes são induzidos a erros pelos consulentes, com a cumplicidade dos presidentes de sessões. Uma pessoa os interroga sobre assunto de que não tem conhecimento pleno.

— Não entendo disso, meu filho.

Na sessão imediata, e nas outras, o curioso ou necessitado insiste no seu pedido interrogativo, até que o trabalhador do espaço, receoso de inspirar a desconfiança com a confissão de sua ignorância, embarafusta pela seara alheia, e comete erros, logo remediados pelo chefe do terreiro, que é um espírito conhecedor de todos os trabalhos e recursos da linha.

Salvo em caso de necessidade absoluta, os protetores da linha branca de umbanda incorporam sempre nos mesmos médiuns. As razões são simples e transparentes: habituaram-se a mover aqueles corpos, conhecem todos os recursos daqueles cérebros, e, pela constância dos serviços, mantêm os seus fluidos harmonizados com os dos aparelhos, o que lhes facilita a incorporação, aliás sempre complexa e, em geral, custosa: — quanto mais elevado é o espírito tanto mais difícil a sua incorporação.

Capítulo 21
Os orixás

Cada uma das sete linhas que constituem a linha branca de umbanda e demanda tem vinte e um orixás.[1]

O orixá[2] é uma entidade de hierarquia superior e representa, em missões especiais, de prazo variável, o alto chefe de sua linha. É pelos seus encargos comparável a um general, ora incumbido da inspeção das falanges, ora encarregado de auxiliar a atividade de centros necessitados de amparo, e, nesta hipótese

---

[1] Sobre as linhas da umbanda e o número dos orixás, recomendamos a leitura do livro *A Missão da Umbanda*, de Ramatís / Norberto Peixoto e *Umbanda, Essa Desconhecida*, de Roger Feraudy, ambos da **EDITORA DO CONHECIMENTO**.
[2] As definições sobre os orixás seguem conceitos variados na umbanda, não havendo um consenso entre as várias "escolas". Compreendemos e aceitamos a descrição do autor no contexto da época. Todavia, acreditamos qua assim como o "orixá Mallet" de antigamente, na atualidade outras entidades de altíssima hierarquia espiritual também atuam enfeixados nas vibrações desses aspectos da Divindade – orixás –, como espíritos prepostos do Criador. Assim, os orixás se "manifestam" na umbanda, indiretamente, por meio das suas entidades – espíritos – que se unem no plano astral formando as linhas vibratórias, uma para cada um dos orixás, a tal ponto que determinados espíritos se confundem com o próprio orixá – energia – mas não o são, como é o caso do portentoso "orixá Mallet" que atuava através da mediunidade de Zélio de Moraes. Maiores referência em *A Missão da Umbanda*, Ramatís /Norberto Peixoto, **EDITORA DO CONHECIMENTO**.

fica subordinado ao guia geral do agrupamento a que pertencem tais centros.

Os orixás não baixam sempre, sendo poucos os núcleos espíritas que os conhecem. São espíritos dotados de faculdades e poderes que seriam terríficos, se não fossem usados exclusivamente em benefício do homem. Em oito anos de trabalhos e pesquisas, só tive ocasião de ver dois orixás, um de Euxoce (Oxóssi), o outro de Ogum, o orixá Mallet.

E o orixá Mallet, de Ogum, baixou e permanece em nosso ambiente, em missão junto às tendas criadas e dirigidas pelo Caboclo das Sete Encruzilhadas. Trouxe, do espaço, dois auxiliares, que haviam sido malaios na última encarnação, e dispõe, dentre os elementos do Caboclos das Sete Encruzilhadas, de todas as falanges de demanda, de cinco falanges selecionadas do Povo da Costa, semelhantes as tropas de choque dos exércitos de Terra, além de arqueiros de Euxoce (Oxóssi), inclusive núcleos da falange fulgurante de Ubirajara.

Entende esse "capitão de demanda" que as pessoas de responsabilidade nos serviços da linha, necessitam, a quando e quando, de provas singulares, que lhes revigore a fé, e reacenda a confiança nos guias, e muitas vezes lhes dá, no decorrer dos trabalhos de sua direção.

Na vez primeira em que o vi, a sua grande bondade, para estimular a minha humilde boa vontade, produziu uma daquelas esplendidas demonstrações. Estávamos cerca de 20 pessoas numa sala completamente fechada. Ele, sob a curiosidade fiscalizadora de nossos olhos, traçou alguns pontos no chão, passou em seguida a mão sobre eles, como se apanhasse alguma coisa;

alçou a sinistra e, abrindo-a, largou no ar três lindas borboletas amarelas, e, espalmando a destra na minha, passou-me a terceira.

— Hoje, quando, chegares a casa, e amanhã, no trabalho, serás recebido por uma dessas borboletas.

E, realmente, tarde da noite, quando regressei ao lar e acendi a luz, uma borboleta amarela pousou no meu ombro, e na manhã seguinte, ao chegar ao trabalho, surpreenderam-se os meus companheiros vendo que outra borboleta, também amarela, como se descesse do teto, pousava-me na cabeça.

Tive ocasião de assistir a outra de suas demonstrações, fora desta capital, à margem do rio Macacú. Leváramos dois pombos brancos, que eu tinha a certeza de não serem amestrados, porque foram adquiridos por mim. Colocou-os o Orixá, como se os prendesse, sobre um ponto traçado na areia, onde eles quedaram quietos, e começou a operar com fluidos elétricos, para fazer chover. Em meio à tarefa disse:

— Os pombos não resistem a este trabalho. Vamos passá-los para a outra margem do rio.

Pegou-os, encostou-os à frente do médium, e alçando-os depois, soltou-os. Os dois pássaros, num vôo alvacento, transpuseram a caudal, e fecharam as asas na mesma árvore, ficando lado a lado, no mesmo galho.

Passada a chuva que provocara, disse:

— Vamos buscar os pombos.

Chegamos à orla do rio, o orixá, com as mãos levantadas, bateu palmas, e os dois pombos, recruzando as águas, voltaram ao ponto traçado na areia.

Príncipe reinante, na ultima encarnação, numa ilha formosa do Oriente, o delegado de Ogum é magnânimo, porém, rigoroso, e não diverte curiosos: — ensina e defende. Exigem os seus trabalhos, tantas vezes, revestidos de transcendente beleza, a quietude plana dos campos, a oxigenada altura das montanhas, o retiro exalante das flores ou a largueza ondulosa do mar.

Capítulo 22
Os guias superiores da linha branca

Os centro espíritas são instituições da Terra com reflexo no espaço, ou criação do espaço com reflexo na Terra.

Um grupo de pessoas resolve fundar um centro espírita, localiza-o e começa a reunir-se em sessões. Os guias do espaço mandam-lhes, para auxiliá-las e dirigi-las, entidades espirituais de inteligência e saber superiores ao agrupamento, porém, afins com os seus componentes. Esses enviados dominam em geral o novo centro, mas não o desviam dos objetivos humanos determinantes de sua fundação.

Os guias do espaço resolvem instituir na Terra, para a realização de seus desígnios, tendas que sejam correspondentes a núcleos do outro plano, e incumbem de sua fundação os espíritos que reúnem e selecionam os seus auxiliares humanos e os dirigem de conformidade com as finalidades espirituais.

Tanto os grupos de origem terrena, como os originários

do espaço, ficam, em linhas paralelas, submetidos à direção de guias superiores, que se encarregam de ordená-los em quadros divididos entre eles.

Esses guias são chamados espíritos de luz, que já não se incluem, pela sua condição, na atmosfera de nosso planeta, porém, deslocados para a Terra em missão tanto mais penosa, quanto mais elevada é a natureza espiritual do missionário.

Desses missionários, alguns jamais têm a necessidade de recorrer a um médium e exercem a sua autoridade através de espíritos que também muitas vezes não incorporam e transmitem ordens e instruções às entidades em contato direto com os centros e grupos humanos.

Há, porém, espíritos de luz, que pelas exigências de sua missão, baixam aos recintos de nossas reuniões, incorporam-se nos médiuns e dirigem efetiva, e até materialmente, os nossos trabalhos.

Frequentemente, no primeiro caso, há centros que não sabem que estão sob a jurisdição de determinado guia e que chegam a ignorar a sua permanência em nosso ambiente, sem que se lhes possa fazer, por isso, qualquer censura, pois os seus guias imediatos não julgaram necessário ou conveniente fazer essa revelação.

As criações originárias do espaço se caracterizam pela sistematizada solidez de sua organização, pelos métodos e concatenações de seus trabalhos, e pelo inflexível rigor de sua disciplina.

Dessas criações a que melhor conheço é a fundada pelo Caboclo das Sete Encruzilhadas.

Capítulo 23
O Caboclo das Sete Encruzilhadas

Se alguma vez tenho estado em contato consciente com algum espírito de luz, esses espírito é, sem duvida, aquele que se apresenta sob o aspecto agreste, e o nome simples de Caboclo das Sete Encruzilhadas.

Sentido-o ao nosso lado, pelo bem-estar espiritual que nos envolve e sensibiliza, pressentimos a grandeza infinita de Deus, e, guiados pela sua proteção, recebemos e suportamos os sofrimentos com uma serenidade quase ingênua, comparável ao enlevo das crianças, nas estampas sacras, contemplando, da beira do abismo, sob as asas de um anjo, as estrelas do céu.

Estava esse espírito no espaço, no ponto de interseção de sete caminhos, chorando sem saber o rumo que tomasse, quando lhe apareceu, na sua inefável doçura, Jesus e, mostrando-lhe, numa região da Terra, as tragédias da dor e os dramas da paixão humana, indicou-lhe o caminho a seguir, como missionário do consolo e da redenção. E em lembrança desse incomparável minuto de sua eternidade e para se colocar ao nível dos trabalhadores mais humildes, o mensageiro do Cristo tirou o seu nome do numero dos caminhos que os desorientavam, e ficou sendo o Caboclo das Sete Encruzilhadas.

E há vinte e três anos, baixando a uma casa pobre de um bairro paupérrimo, iniciou a sua cruzada, vencendo, na ordem material, obstáculos que se renovam quando vencidos e derrubados, e dos quais o maior é a qualidade das pedras com que deve construir o novo templo.

Entre a humildade e a doçura extremas, a sua piedade se derrama sobre quantos o procuram e, não poucas vezes, escorrendo pela face do médium, as suas lagrimas expressam a sua tristeza diante dessas provas inevitáveis a que as criaturas não podem fugir.

A sua sabedoria se avizinha de onisciência (qualidade do saber divino, universal, uno, intuitivo, independente, infalível e eficaz). O seu profundíssimo conhecimento da Bíblia e das obras dos doutores da Igreja autorizam a suposição de que ele, em alguma encarnação, tenha sido sacerdote, porém, a medicina não lhe é mais estranha do que a teologia.

Acidentalmente, o seu saber se revela. Numa ocasião, para justificar uma falta, por esquecimento, de um de seus auxiliares humanos, explicou, minucioso, o processo de renovação das células cerebrais, descreveu os instrumentos que servem para observá-las, e contou numerosos casos de fenômenos que as atingiram, e como foram tratados na grande guerra deflagrada em 1914. Também, para fazer os seus discípulos compreender o mecanismo, se assim posso expressar-me, dos sentimentos, explicou a teoria das vibrações e a dos fluidos, e numa ascensão gradativa, na mais singela das linguagens, ensinou a homens de cultura desigual as transcendentes leis astronômicas. De outra feita, respondendo a consulta de um espírita que é capitalista em São Paulo e representa interesses europeus, produziu um estudo admirável da situação financeira criada para a França, pela quebra do padrão ouro na Inglaterra.

A linguagem do Caboclo das Sete Encruzilhadas varia, de acordo com a mentalidade de seus auditórios. Ora chã, ora simples, sem atavio, ora fulgurante nos arrojos da alta eloqüência, nunca desce tanto que se abastarde, nem se eleva demais, que se torne inacessível.

A sua paciência de mestre é, como a sua tolerância de chefe, ilimitada. Leva anos a repetir, em todos os tons, através de parábolas, por meio de narrativas, o mesmo conselho, a mesma lição, até que o discípulo, depois de tê-la compreendido, comece a praticá-la.

A sua sensibilidade, ou perceptibilidade, é rápida, surpreendendo. Resolvi, certa vez, explicar os dez mandamentos da Lei de Deus aos meus companheiros e, à tarde, quando me lembrei da reunião da noite, procurei, concentrando-me, comunicar-me com o missionário de Jesus, pedindo-lhe uma sugestão, uma idéia, pois não sabia como discorrer sobre o mandamento primeiro. Ao chegar à tenda, encontrei seu médium, que viera apressadamente das Neves, no município de São Gonçalo, por uma ordem recebida a última hora, e o Caboclo das Sete Encruzilhadas, baixando em nossa reunião, discorreu espontaneamente sobre aquele mandamento e, concluindo, disse-me: "Agora nas outras reuniões, podeis explicar os outros, como é vosso desejo".

E esse caso se repetiu: — havia necessidade de falar sobre as sete linhas de umbanda, e, incerto sobre a de Xangô, implorei, mentalmente, o auxilio desse espírito, e de novo o seu médium, por ordem de última hora, compareceu, esclarecendo, numa alocução transparente, as nossas dúvidas sobre a quarta linha.

A primeira vez em que os videntes o vislumbraram, no início de sua missão, o Caboclo das Sete Encruzilhadas se apresentou como um homem de meia idade, a pele brônzea, vestindo uma túnica branca, atravessada por uma faixa onde brilhava, em letras de luz, a palavra "Caritás". Depois, e por muito tempo, só se mostrava como caboclo, tanga de plumas, e mais atributos dos pajés silvícolas. Passou, mais tarde, a ser visível na alvura de sua túnica primitiva, mas há anos acreditamos que só em algumas circunstâncias se reveste de forma corpórea, pois os videntes não o vêem, e quando a nossa sensibilidade e os outros guias assinalam a sua presença, fulge no ar uma vibração azul e uma claridade dessa cor paira no ambiente.

Para dar desempenho a sua missão na Terra, o Caboclo das Sete Encruzilhadas fundou quatro tendas em Niterói e nesta cidade, e outras fora das duas capitais — e todas da linha branca de umbanda e demanda.

Capítulo 24
As tendas do Caboclo das Sete Encruzilhadas

O Caboclo das Sete Encruzilhadas fundou e dirige quatro tendas: — de Nossa Senhora da Piedade, a matriz, em Neves, subúrbio de Niterói encravado no município de São Gonçalo, e as de N. S. da Conceição, São Pedro e de Nossa Senhora da Guia, na Capital Federal, além de outras no interior do estado do Rio.

O processo de fundação dessas tendas foi o seguinte: — O Caboclo das Sete Encruzilhadas, que é vulgarmente denominado o "chefe", quer pelos seus auxiliares da Terra, quer pelos do espaço, escolheu, para seu médium, o filho de um espírita e, por intermédio dos dois, agremiou os elementos necessário à constituição da tenda de N. S. da Piedade.

Dez ou doze anos depois, com contingentes dessa tenda, incumbiu à sra. Gabriela Dionysio Soares de Fundas, com o caboclo Sapoéba, a de N. S. da Conceição e quando a nova insti-

Pai Antonio incorporado em Zélio de Moraes na Cabana de Pai Antonio, em Boca do Mato - Cachoeiras de Macacu - RJ.

tuição começou a funcionar normalmente, encarregou o dr. José Meirelles, antigo agente da municipalidade carioca e deputado do Distrito Federal, e os espíritos de Pai Francisco e Pai Jobá, com o auxílio das duas existentes, da criação da tenda de São Pedro. Mais tarde, ainda com o dr. José Meirelles e o caboclo Jaguaribe receberam a incumbência de organizar, com os egressos da tenda do Pescador, a de Nossa Senhora da Guia.

Cada uma dessas tendas constitui uma sociedade civil, cabendo a sua responsabilidade legal, e a espiritual, ao respectivo presidente, que é nomeado pelo Caboclo das Sete Encruzilhadas, independente de indicação ou sanção humana, e por ele transferido, suspenso, ou demitido livremente, bem como os médiuns que o "chefe" designa e pode, se o entender, afastar de suas tendas.

A organização espiritual é a seguinte: cada tenda tem um chefe de terreiro, — presidente espiritual — um substituto imediato, e vários eventuais, chamados estes, pela ordem de antiguidade na tenda, e todos designados pelo guia geral.

A hierarquia, na ordem material, como na espiritual, é mantida com severidade. Cercam o Caboclo das Sete Encruzilhadas muitos espíritos elevados que ele distribui, conforme a circunstância, pelas diversas tendas, mas esses espíritos e mesmo os "orixás" não diminuem nem assumem autoridade dos presidentes espiritual e material, e trabalham de acordo com eles. Os próprios enviados especiais mandados, de longe em longe, com mensagens dos chefes e padroeiros das linhas, só as proferem depois do consentimento dos dois dirigentes. Até o "chefe", quando baixa e incorpora em qualquer das tendas, não se investe na direção dos trabalhos, mantendo o prestigio de seus delegados.

Na primeira quinta-feira de cada mês, celebra-se na tenda matriz uma sessão privativa dos presidentes e seus auxiliares, e médiuns dos chefes de terreiro, e nessa assembléia o Caboclo das Sete Encruzilhadas faz as observações necessárias, louvando ou admoestando, sobre os serviços do mês anterior, e dá instruções para os trabalhos do mês corrente.

As tendas realizam, isoladamente, sessões públicas de caridade, sessões de experiência, e as de descarga. As segundas se dividem em duas categorias: as que têm por objetivo a escolha e o desenvolvimento dos médiuns das diversas linhas e a outra, facultativa, visando estudos de caráter científico. As sessões de descargas são consagradas à defesa dos médiuns.

Na segunda sexta-feira de cada mês, os presidentes, médiuns, e auxiliares de cada tenda, trabalham conjuntamente na matriz; no terceiro sábado, na de Nossa Senhora da Conceição e no quarto na de Nossa Senhora da Guia.

Anualmente, as três tendas fazem um retiro de vinte e um dias, fora da cidade, com cerimônias diárias em suas sedes e nas residências de seus componentes. Há, mensalmente, uma vigília de vinte e quatro horas, em que se revezam os filhos das tendas de Maria. Efetuam-se em certas circunstâncias, atos idênticos, as mesmas horas, nessas três tendas. Celebram-se, ainda, outras reuniões, internas ou externas, inclusive as festivas.

Em nenhuma tenda é lícito realizar qualquer trabalho sem a autorização expressa do "chefe", e nenhum presidente pode submeter ao seu julgamento pedido que não se inspire na defesa e no benefício do próximo.

Para o serviço de suas tendas, o Caboclo das Sete Encruzilhadas tem às suas ordens "orixás" e falanges de todas as linhas, incluída na de Ogum, a falange marítima do Oriente.

E bastam essas anotações para que se compreenda o que é uma organização da linha branca de umbanda e demanda, concebida no espaço e executada na Terra.

Capítulo 25
A tenda Nossa Senhora da Piedade

Sobe a presidência do sr. Zélio Moraes, médium do Caboclo das Sete Encruzilhadas, erigida em sítio tranqüilo, entre arvores, a tenda Nossa Senhora da Piedade é a casa humilde dos milagres...

Atacada de moléstia fatal, a filha de um comerciante de Niterói agonizava, sofrendo, e como a ciência humana se declarasse impotente para socorrê-la, seu pai, em desespero delirante, numa tentativa extrema, suplicou auxílio à modesta tenda das Neves.

Responderam-lhe que só à noite, na sessão, o guia poderia tomar conhecimento do caso. Regressando ao lar, o desconsolado pai encontrou a filha morta e, depois de fazer constatar o óbito pelo médico, mandou tratar o enterro.

No entanto, à noite, na tenda de Nossa Senhora da Piedade, aberta a sessão, o Caboclo das Sete Encruzilhadas, manifestan-

Antigo congá da tenda Nossa Senhora da Piedade.

do-se, disse aos seus auxiliares da Terra, ainda desconhecedores o desenlace da doença, que se concentrassem, sem quebra da corrente, e o esperassem, pois ia para o espaço, com suas falanges, socorrer a enferma que lhes pedira socorro.

Duas horas depois voltou, achando aqueles companheiros exaustos, do longo esforço mental. Explicou-lhes, então, na pureza da sua realidade, a situação, e mandou-os que fossem em nome de Jesus, retirar a morta da mesa mortuária, e comunicar-lhe que a misericórdia de Deus, para atestar os benefícios do espiritismo, permitia-lhe viver, enquanto não negasse o favor de sua ressurreição.

Confiante em seu chefe, os humildes trabalhadores da tenda da Piedade cumpriram as ordens recebidas, e a moça não só ficou viva, como curada. O médico, que lhe tratou da moléstia,

Congá atual da Tenda Nossa Senhora da Piedade onde é mantida a mesa de trabalhos como nos primórdios da umbanda em 1908.

e que lhe constatou o óbito observou-a, por algum tempo, até desistir de penetrar o misterioso de seu caso, classificando-o na ordem sobrenatural dos milagres.

Meses depois, à mesa do almoço, conversando, a ressurreta contestou com firmeza, negando-a, a ação espiritual que lhe restituíra a vida material, porém nessa ocasião adoeceu de uma indigestão, falecendo em menos de vinte e quatro horas.

Uma associação de grande autoridade no espiritismo, ao ter conhecimentos desses fatos, resolveu apurá-los com severidade, para desmenti-los ou confirmá-los sem sombra de dúvida e, num inquérito rigoroso, com auxílio das autoridades do estado do Rio de Janeiro, estabeleceu a plena veracidade deles, publicando no órgão da Federação Espírita a sua documentação.

A média mensal das curas de obsedados que iriam para os

hospícios como loucos, é de vinte e cinco doentes, na tenda da Piedade.

Os espíritos que baixam nesse recinto não procuram deslumbrar os seus consulentes com o assombro de manifestações portentosas, mas as produzem muitas vezes, quando lhas exigem as circunstâncias.

Os auxiliares humanos do Caboclo das Sete Encruzilhadas, na tenda que é, por excelência, a sua tenda, mesmo os que têm posição de revelo na sociedade, não se orgulham dos favores que lhes são conferidos e procuram, com doçura e humildade, merecer a graça de contribuir, como intermediários materiais, para a execução na Terra dos desígnios do espaço.

Capítulo 26
A tenda de Nossa Senhora da Conceição

Perguntaram ao presidente da tenda de Nossa Senhora da Conceição:

— Acreditas em Nossa Senhora da Conceição?

Para responder, ele interrogou:

— O amigo acredita na Virgem Maria, Mãe de Jesus?

— Acredito — afirmou o ironista.

— Pois Nossa Senhora da Conceição é a Virgem, mãe de Jesus. Se a tenda corresponde à sua finalidade que importa o seu nome? Virgem Maria, ou Nossa Senhora da Conceição...

As prevenções contra a Igreja determinam investidas bravias contra o passado e a mutilação de grandes nomes históricos, reduzindo teólogos da estatura de Santo Agostinho e mártires do porte de São Sebastião, à vulgaridade anônima de Agostinho e Sebastião.

Ofuscam-se, desse modo, na evocação dessas gloriosas figuras, os seus máximos predicados, — os predicados que o catolicismo exaltou e os centros espíritas reconhecem, transformando esses iluminados em seus padroeiros e dirigentes espirituais.

A essa ríspida intolerância, prefiro o sábio exemplo de Allan Kardec, chamando São Luiz ao espírito que mais o auxiliou na codificação do espiritismo.

Se os magnos luzeiros do espiritismo científico e os kardecistas podem invocar Jesus como o Redentor, o médium de Deus, o Salvador, e Nosso Senhor Jesus Cristo, porque não poderemos nós, os humildes, invocar a Virgem Maria, como a Rainha do Céu, ou Nossa Senhora da Conceição?

Quer a chamemos, como o Caboclo das Sete Encruzilhadas, Mãe das mães, ou, como na federação espírita, Nossa Mãe amantíssima. Virgem sem pecado, Maria Puríssima, ou como os católicos, Nossa Senhora, ou, como os filhos de umbanda, Mãe Axum (Oxum) e Amanjár (Iemanjá), — Maria Imaculada é sempre a imaculada Maria, e pela diversidade dessas invocações não deixa de ouvir o clamor e a prece dos crentes.

Nossa Senhora da Conceição é uma variante invocativa do nome de Maria, mas na linha branca de umbanda, conserva o sentido místico, ligando à Terra ao espaço.

Acredito, ainda, que Nossa Senhora da Conceição tenha representação visível no espaço, pois afirmam espíritos que conosco trabalham; e se qualquer entidade, mesmo para espalhar o mal, pode-se revestir do aspecto que lhe convenha, é claro que Maria poderá assumir a aparência que deseje, ou produzir formações fluídicas necessárias ao consolo e a fé daqueles que a procuram no espaço, como o esplendor da maternidade realçada pela pulcritude (qualidade do que é pulcro; beleza, formosura) virginal.

As falanges de Nossa Senhora da Conceição, ensinam os espíritos, são as mais numerosas da linha branca de umbanda e demanda, pois sob essa invocação, que o resume na linha, o culto de Maria possui o maior numero de adeptos, e para atendê-los em suas súplicas, qualquer que seja o seu credo, essas legiões incontáveis descem e sobem, incessantemente, do espaço à Terra, e da Terra ao espaço.

Compreendem essas falanges as entidades que viveram, na última encarnação, nas matas cortados pelos arroios ou rios, pelos espíritos das regiões litorâneas, pelo povo do mar, pelos que foram no mundo material devotados à Virgem Maria, e pelos que a esses se agregaram por afinidades.

A exigência da atenção devida aos invocadores de Maria é tão premente, e constante, que raras vezes os elementos de suas falanges podem passar pela tenda humílima de seu nome.

O chefe do terreiro dessa tenda — presidente espiritual, — é o Caboclo Corta Vento, da linha de Oxalá; seu substituto imediato, é o Caboclo Acahyba, da linha de Euxoce (Oxóssi), e eventuais Yara, da linha de Ogum, Timbiry da falange do Oriente, e o Caboclo da Lua da linha de Xangô.

E pelo dever de assumir a responsabilidade social de minha investidura, acrescento que sou o presidente da tenda de Nossa Senhora da Conceição, ou, mais modestamente, o delegado humano incumbido, pelo Caboclo das Sete Encruzilhadas, de coordenar a ordem material necessária à execução dos trabalhos espirituais.

Capítulo 27
A tenda de Nossa Senhora da Guia

A tenda de Nossa Senhora da Guia, presidida pelo sr. Dorval Vaz, e esplendidamente instalada nesta capital, é uma instituição primorosa, preenchendo, de modo completo, os fins que, pelo prisma humano, inspiraram a sua fundação.

Possui, já desenvolvidos, revezando-se na intensidade brilhante de seus trabalhos, sessenta médiuns de todas as linhas e prepara, nas experiência de desenvolvimento, sob a direção de guias vigilantes, mais duzentos e trinta, oficialmente matriculados nos seus programas.

Com esses elementos, a tenda Estrela do Oriente pode atender, como realmente atende, distribuindo socorros de todas as naturezas, aos necessitados de várias espécies, que solicitam amparo e auxílio aos centros espíritas de caridade.

Só a sua sessão pública das terças-feiras concorrem consulentes cuja média oscila entre trezentos e trezentos e cinqüenta.

Reduzindo-os ao mínimo de trezentos, e fazendo cálculo por meses de quatro semanas, ou terças-feiras, conclui-se que a tenda de Nossa Senhora da Guia socorre, mensalmente, mil e duzentos necessitados, ou quatorze mil e quatrocentos por ano.

Além da sessão pública, realiza, também semanalmente, as duas sessões de experiências, para a escolha e desenvolvimento de médiuns, e outros estudos, as extraordinárias, ou especiais, impostas pelas circunstâncias, quando se tornam precisas, e as de descarga, em defesa de seus componentes.

Trabalham em seu terreiro, como chefe presidente espiritual o caboclo Jaguaribe, como seu imediato, o caboclo Acahyba, e como substitutos eventuais, pela ordem de antiguidade na tenda, Garnazan, o caboclo Sete Cores, e mais Gira Mato e Bagi, todos pertencentes às grandes falanges da linha de Euxóce (Oxóssi). Possuem, ainda, esses trabalhadores tantos auxiliares quantos são os médiuns desenvolvidos.

O labor, nessa tenda, é dos mais profícuos, e o número crescente das pessoas que procuram, cheias de confiança, o seu terreiro, atesta de modo eloquente a eficiência espiritual de seus protetores e o generoso caráter dos seus dirigentes humanos.

Essa é a mais nova das tendas do Caboclo das Sete Encruzilhadas, a sua última criação, e o seu advento ainda se liga ao nome do dr. José Meirelles, já desencarnado, que foi, na Terra, o obreiro infatigável ao serviço daquele grande missionário.

Capítulo 28
As festas da linha branca

Para mostrar, na esfera da realidade terrena, uma organização da linha branca de umbanda e demanda, citei a que melhor conheço, porém essa citação de modo algum representa a primazia, quer sob o aspecto de prioridade, quer sob o de superioridade.

Outras, sem dúvida, existem em nosso meio, fundadas e dirigidas pelos grandes missionários do espaço, e entre os numerosos centros que funcionam isoladamente, muitos são ótimos, preenchendo, de modo completo, as finalidades da linha.

O próprio Caboclo das Sete Encruzilhadas, assiste, fora de sua organização, outras tendas, e costuma auxiliar com suas falanges os trabalhadores de boa vontade que o invocam e chamam em suas reuniões, e creio que os demais protetores não deixam de atender aos apelos de corações honestamente devotados ao serviço do próximo, em nome de Deus.

Numa instituição da disciplina peculiar à linha branca de umbanda e demanda, é natural que a transgressão consciente às suas leis não fique impune. Em geral, os culposos são abandonados pelos guias, e sem esse amparo a que estavam habituados, tropeçam, a cada passo, em dificuldades e caem sob o domínio de entidades que os infelicitam. Para os casos especiais, em que os erros, pela função de quem os comete, causam danos a outros e prejudicam o conceito da tenda e da linha, há penalidades ásperas, de efeitos imediatos.

Na linha branca de umbanda e demanda, também há alegrias, que se expressam em festividades. Seis dessas festas têm o caráter de obrigação ritualística, — são as dos padroeiros e chefes das linhas, variando, porém, o modo de realizá-las.

Algumas vezes, são simples sessões comemorativas, com alocuções e preces; outras, comportam a participação de espíritos que incorporam para produzir orações referentes ao dia, ou para transmitir mensagens de estímulo, de entidades superiores.

Frequentemente, a festa é realizada pelos espíritos incorporados, e, neste caso, assume características especiais, segundo a linha que se festeja.

A essas festas, compareçam, além dos médiuns, convidados, e outras pessoas, e esse agrupamento de gente que nem sempre passou pela sessão de caridade, ou pela de descarga, obriga a medidas extraordinárias, para conservar um ambiente harmônico.

Assim, sem que o percebam os assistente, enquanto a alegria religiosa os empolga, os seus guias e mais protetores estão efetuando trabalhos que se revestem, não raro, de intensidade excepcional.

No dia de Cosme e Damião, baixam festivamente às tendas espíritos que desencarnaram em idade infantil e com os quais é necessário, além de carinho fraternal, certa vigilância, porque eles, apossando-se dos médiuns, procedem como crianças e, como estas, são indiscretos, comentando, sem respeito às conveniências sociais, qualquer pensamento menos nobre ou mais atrevido, que surpreendam em algum cérebro.

No fim das grandes demandas, isto é, quando se remata vitoriosamente um esforço maior em benefício do próximo, também se realiza, sem caráter obrigatório, uma festa em que se confundem na mesma satisfação, aos espíritos e os homens.

No encerramento do retiro anual, a sua última cerimônia é festiva, mas é íntima, abrangendo apenas os que, pelos seus encargos, são seus participantes forçados. É rigorosamente ritualística, e de uma grande beleza.

Capítulo 29
Os que desencarnam na linha branca

Quando desencarna uma pessoa filiada à linha branca de umbanda, as atenções dispensadas ao seu organismo físico passam a ser consagradas ao seu espírito.

Logo que se verifica a fatalidade irremediável do próximo trespasse, os protetores, os companheiros de trabalho e as famílias, com habilidade, começam a preparar o enfermo para a mudança de plano, para que a morte do seu corpo ocorra sem abalo para o seu espírito.

Nas horas da agonia, os seus amigos da Terra, com a concentração e as preces, e os do espaço, por outros meios, procuram suavizar-lhe o sofrimento, depois, quando o espírito se desprende, as entidades espirituais que assistiam ao doente agem no sentido de que esse desprendimento seja completo, para que a alma liberta não se ressinta da decomposição da matéria em que viveu. Acolhem-no depois, carinhosamente, no espaço, empenhando-se para atenuar-lhe a perturbação e encaminhando-o, aos destinos que lhe estavam traçados.

Certas pessoas cometeram faltas que os seus serviços ao próximo, por intermédio da linha branca de umbanda, não compensaram suficientemente. Devem, por isso, sofrer no espaço. Nessa hipótese, os protetores da tenda, a que eles pertenceram na Terra, conseguem, para resgate dessas culpas, que tais espíritos, ao invés de padecerem errando no plano espiritual mais próximo do da Terra, purifiquem-se em missões ásperas, obscuramente laborando, sob as ordens de outros.

Casos há em que tais protetores trazem às sessões, para que esclareçam e orientem os seus herdeiros sobre os seus negócios, ou legados, espíritos de pessoas que não os explicaram, ou deixaram obscuro, ou embrulhados, quando desencarnaram.

Os grandes trabalhadores humanos da linha, quando desencarnam, ainda que tenham de afastar-se de nossa atmosfera, voltam, uma ou mais vezes, em manifestações carinhosas, às tendas de seus companheiros.

Exemplificando, citarei o caso do conhecido médium curador Bandeira. Oito dias depois de seu trespasse, por ordem do guia, celebraram-se sessões à sua memória, nas tendas do Caboclo das Sete Encruzilhadas.

Na tenda em que estávamos, às oito e meia da noite, o chefe do terreiro anunciou:

— O nosso irmão Bandeira, conduzido pela falange de Nazareth, acaba de baixar, na Tenda matriz.

Às nove horas assinalou a sua manifestação na tenda de Nossa Senhora da Guia e após, a sua vinda para a nossa.

Nesta, ele tomou um médium que nunca o vira, mas a sua incorporação foi tão completa, que todos o reconhecemos imediatamente. Vencida a emoção do primeiro momento, depois de abraçar os dirigentes da sessão, Bandeira, pelo médium desconhecido, chamou todas as pessoas que frequentavam a tenda por sua indicação, em seguida, aquelas com as quais manteve relações; por fim, as restantes.

Disse, despedindo-se, que não poderia retardar-se, pois combinara com o presidente da tenda da Guia voltar lá, para uma reunião de caráter íntimo, onde deveria dar informações e instruções para assegurar a tranquilidade do conforto material a sua progenitora.

E era verdade.

Capítulo 30
O auxílio dos espíritos na vida material

É frequente, nos centros espíritas, o aparecimento de pessoas que vão solicitar o auxílio das entidades espirituais para vencer dificuldades ou alcançar vantagens de ordem material, conseguindo empregos, ou realizando negócios.

Certos presidentes de sessões e muitos espíritos, com rigorismo impiedoso, respondem que o espiritismo não tem por fim arranjar ou consertar a vida e, seguidamente, nos trabalhos os guias assinalam, aborrecendo-se, que os pensamentos dos ambiciosos, ou dos premidos por necessidades materiais, perturbam, e até viciam o ambiente.

Mas, em geral, os guias, mesmo quando não o confessam, ajudam, materialmente a quem lhes pede socorro dessa natureza, em horas de amargura.

Eu, na minha insignificância, pessoalmente considero legítimos tais apelos. Somos criaturas materiais, devemos fazer a nossa evolução espiritual através de óbices materiais, num mundo material, e os espíritos incumbidos de nossa proteção, realmente pouco a exerceriam se não nos ajudassem a remover e dominar esses empecilhos de ordem material.

Perguntou o sr. Allan Kardec ao seu guia se não o auxiliava na vida material. Contestou-lhe o iluminado que não ajudá-lo, seria não amá-lo, acrescentando que o fazia sem que ele o percebesse, para não lhe tirar o merecimento da vitória na luta contra a adversidade.

Se assim era com o sr. Allan Kardec, assim deve ser com as outras criaturas, e como estas não possuem, geralmente, o adiantamento do codificador do espiritismo, são mais diretos e veementes os seus apelos e menos discretos os favores com que as auxiliam os espíritos.

O fato positivo é que os espíritos ajudam, quando podem, os homens a vencer as cruezas da vida e quando estas representam a fatalidade inevitável de um destino, isto é, são uma prova, buscam suavizá-la, carinhosamente, amparando, com o escudo da fé, a quem a sofre.

Capítulo 31
O "kardecismo" e a linha branca de umbanda

A linha branca de umbanda e demanda está perfeitamente enquadrada na doutrina de Allan Kardec[1] e nos livros do grande codificador, nada se encontra susceptível de condená-la. Cotejemos com os seus escritos os princípios da linha branca de umbanda, por nós expostos no *Diário de Notícias*, edição de 27 de novembro de 1932.

A organização da linha no espaço corresponde à determinada zona da Terra, atendendo-se, ao constituí-la, as variações de cultura e moral intelectual, com aproveitamento das entida-

---

[1] Nota do editor – Não poderíamos deixar de esclarecer sobre o uso do termo "kardecismo", atribuído por muitos à doutrina espírita, como tentativa de separar erroneamente as organizações espiritualistas, atribuindo a palavra *espiritismo* a muitas delas. Esse termo foi idealizado por Allan Kardec (ver *O Livro dos Espíritos*, "Introdução ao estudo da doutrina espírita", I - Espiritismo e espiritualismo), com o objetivo de separar a doutrina nascente dos demais movimentos espiritualistas. O espiritismo, assim como a umbanda, a teosofia, o rosacrucionismo e muitas outras escolas do conhecimento, é uma filosofia espiritualista. O que há de comum entre elas é a mediunidade, ou seja, o intercâmbio entre os planos da vida e suas manifestações. Portanto, o objetivo desta nota é chamar a atenção para que todos possam valorizar sua própria identidade: espíritas e umbandistas. Espiritismo de umbanda, portanto, não existe, o que existe é simplesmente umbanda.

des espirituais mais afins com as populações dessas paragens.
Allan Kardec, a página 219 do *Livro dos Espíritos* escreve:

519. As aglomerações de indivíduos, como as sociedades, as cidades, as nações, tem espíritos protetores especiais?
— Têm, pela razão de que esses agregados são individualidades coletivas que, caminhando para um objetivo comum, precisam de uma direção superior.
520. Os espíritos protetores das coletividades são de natureza mais elevada do que os que se ligam aos indivíduos?
— Tudo é relativo ao grau de adiantamento, quer se trate de coletividades, quer de indivíduos.

E quanto às afinidades, na mesma página:

Os espíritos preferem estar no meio dos que se lhes assemelham, acham-se aí mais à vontade e mais certos de serem ouvidos. Por virtude de suas tendências, é que o homem atrai os espíritos, e isso quer esteja só, quer faça parte da sociedade, uma cidade, ou um povo. Portanto, as sociedades, as cidades e os povos são, de acordo com as paixões e o caráter neles predominantes, assistidos por espíritos mais ou menos elevados.

Os protetores da linha branca de umbanda se apresentam com o nome de caboclos e pretos, porém, frequentemente, não foram nem caboclos nem pretos.

Allan Kardec, a página 215 do *Livro dos Espíritos*, ensina: "Fazeis questão de nomes: eles (os protetores) tomam um, que vos inspire confiança".

O Espiritismo, a Magia e as Sete Linhas de Umbanda   123

Mas como poderemos, sem o perigo de sermos mistificadores, confiar em entidades que se apresentam com os nomes supostos? Allan Kardec, a página 449 do *Livro dos Espíritos*, esclarece:

> Julgai, pois, dos espíritos, pela natureza de seus ensinos. Não olvideis que entre eles há os que ainda não se despojaram das idéias que levaram da vida terrena. Sabei distinguí-los pela linguagem de que usam. Julgai-os pelo conjunto do que vos dizem; vede se há encadeamento lógico em suas idéias; se nestas nada revela ignorância, orgulho ou malevolência; em suma, se suas palavras trazem todo o cunho de sabedoria que a verdadeira superioridade manifesta. Se o vosso mundo fosse inacessível ao erro, seria perfeito, e longe disso se acha ele.

Ora, esses espíritos de caboclos ou pretos, e os que como tais se apresentam, pela tradição de nossa raça, e pelas afinidades de nosso povo, são humildes e bons, e pregam, invariavelmente, sem solução de continuidade, a doutrina resumida nos dez mandamentos e ampliada por Jesus.

Entre os protetores da linha branca, alguns não são espíritos superiores, e os há também atrasados, porém, bons, quando o grau de cultura dos protegidos não exige a assistência de entidades de grande elevação, conforme o conceito de Allan Kardec, a página 216 do *Livro dos Espíritos*:

> Todo homem tem um espírito que por ele vela, mas as missões são relativas ao fim que visam; não dais a uma criança, que está aprendendo a ler, um professor de filosofia, e em trecho já transcri-

to explica: "que tudo é relativo ao grau de adiantamento, quer se trate de coletividades, quer de indivíduos".

Esses trabalhadores, porém, na linha branca, estão sob a direção de guias de maior elevação, de acordo com o dizer de Allan Kardec a pagina 318 do *Livro dos Espíritos*, sobre os espíritos familiares, que "são bons, porém, muitas vezes pouco adiantados e até levianos. Ocupam-se de boa mente com as particularidades da vida íntima e só atuam com ordem ou permissão dos espíritos protetores".

O objetivo da linha branca é a prática da caridade e Allan Kardec, no *Evangelho Segundo o Espiritismo*, proclama repetidamente que "fora da caridade não há salvação".

A linha branca, pela ação dos espíritos que a constituem, prepara um ambiente favorável a operosidade de seus adeptos. Será isso contrário aos preceitos de Allan Kardec? Não, pois vemos, nos períodos acima transcritos, que os espíritos familiares, com ordem ou permissão dos espíritos protetores, tratam até de particularidades da vida íntima. No mesmo livro, a página 221-222, lê-se:

> 525. Exercem os espíritos alguma influencia nos acontecimentos da vida?
> Certamente, pois que te aconselham.
> — Exercem essa influencia, por outra forma que não apenas pelos pensamentos que sugerem, isto é, tem ação direta sobre o cumprimento da coisa?
> Sim, mas nunca atuam fora das leis da natureza.

Na página 214 do *Livro dos Espíritos* consta:

"A ação dos espíritos que vos querem bem é sempre regulada de maneira que não vos tolha o livre-arbítrio" e na página 222 o mestre elucida:

> Imaginamos erradamente que aos espíritos só caiba manifestar sua ação por fenômenos extraordinários. Quiséramos que nos viessem auxiliar por meio de milagres e os figuramos sempre armados de uma varinha mágica. Por não ser assim, é que oculta nos parece a intervenção que tem nas coisas deste mundo, e muito natural o que se executa com o concurso deles. Assim é que, provocando, por exemplo, o encontro de duas pessoas que suporão encontrar-se por acaso; inspirando a alguém a idéia de passar por determinado lugar; chamando-lhe a atenção para certo ponto, se disso resultar o que tenham em vista, eles obram de tal maneira que o homem, crente de que obedece a um impulso próprio, conserva sempre o seu livre-arbítrio.

Assim, os caboclos e pretos da linha branca de umbanda, quando intervém nos atos da vida material, em benefício desta ou daquela pessoa, agem conforme os princípios de Allan Kardec.

Na linha branca, o castigo dos médiuns e adeptos que erram conscientemente, é o abandono em que os deixam os protetores, expondo-os ao domínio de espíritos maus.

A página 213 do *Livro dos Espíritos* Allan Kardec leciona:

> 496. O espírito, que abandona o seu protegido, que deixa de lhe fazer bem, pode fazer-lhe mal?
> Os bons espíritos nunca fazem mal. Deixam que o façam aqueles que lhe tomam o lugar. Costumais

então lançar à conta da sorte as desgraças que vos acabrunham, quando só as sofreis por culpa vossa.

E adiante, na mesma página:

498. Será por não poder lutar contra espíritos malévolos que um espírito protetor deixa que seu protegido se transvie na vida? Não é porque não possa, mas porque não quer.

A divergência única entre Allan Kardec e a linha branca de umbanda é mais aparente do que real. Allan Kardec não acreditava na magia, e a linha branca acredita que a desfaz. Mas a magia tem dois processos: o que se baseia na ação fluídica dos espíritos, e esta não é contestada, mas até demonstrada por Allan Kardec. O outro se fundamenta na volatilização da propriedade de certos corpos, e o glorioso mestre, ao que parece, não teve oportunidade, ou tempo, de estudar esse assunto.

Nas últimas páginas 356-357 de suas *Obras Póstumas*, os que as coligiram observam, sob a assinatura de P. G. Laymarie: "no congresso espírita e espiritualista de 1890, declararam os delegados que, de 1869 para cá, estudos seguidos tinham revelado coisas novas e que, segundo o ensino traçado por Allan Kardec, alguns dos princípios do espiritismo, sobre os quais o mestre tinha baseado o seu ensino, deviam ser postos em relação com o progresso da ciência em geral realizados nos 20 anos".

Depois dessa observação transcorreram 42 anos e muitas das conclusões do mestre têm de ser retificadas, mas a sua insignificantes discordância com a linha branca de umbanda desaparece, apagada por estas palavras transcritas do *Livro dos Espíritos*, páginas 449-450:

> Que importam algumas dissidências, divergências mais de forma do que de fundo? Notai que os princípios fundamentais são os mesmos por toda a parte e vos hão de unir num pensamento comum: o amor de Deus e a prática do bem.

E o amor de Deus e a prática do bem são a divisa da linha branca de umbanda.

Capítulo 32
A linha branca, o catolicismo e as outras religiões

Ensina Allan Kardec, a pagina 434 do *Livro dos Espíritos*, que a religião se funda na revelação e nos milagres, e acrescenta, na página 440 da mesma obra: — "O espiritismo é forte, porque assenta nas próprias bases da religião".

Sendo assim, a religião de origem divina, não podemos esperar que as derrubem os nossos ataques, nem devemos considerá-la merecedora de nossas zombarias. Os filhos de umbanda respeitam e veneram todas as religiões e, sobretudo, a Igreja Católica pelas suas afinidades com o nosso povo e ainda pelas entidades que a amparam no espaço.

Obra terrestre originaria do espaço, a Igreja Católica está cheia da sabedoria dos iluminados, e a linha branca de umbanda pede, com frequência, a sua tradição, e aos seus altares, elementos que lhe facilitem a missão de amar a Deus, servindo ao próximo, e nisso não se afasta de Allan Kardec, pois a página 442 do *Livro dos Espíritos* lê-se:

O espiritismo não é obra de um homem. Ninguém pode inculcar-se como seu criador, pois, tão antigo é ele quanto a criação. Encontramo-lo por toda a parte, e em todas as religiões, principalmente na religião católica, e aí com mais autoridade do que em todas as outras, porquanto nela se nos depara o princípio de tudo quanto há nele: os espíritos em todos os graus de elevação, suas relações ocultas e ostensivas com os homens, os anjos guardiões, reencarnação, a emancipação da alma durante a vida, a dupla vista, todos os gêneros de suas manifestações, as aparições, e até as aparições tangíveis. Quanto aos demônios, esses não são senão os espíritos maus, salvo a crença de que eles foram destinados a passar perpetuamente no mal.

Estamos convencidos de que se os espíritas estudassem com mais profundeza e com ânimo desprevenido a liturgia da Igreja, haveriam de perceber-lhe um sentido oculto, compreendendo que na majestade sonora das naves se conjugam todas as artes para favorecer o êxtase e desprender a alma, elevando-a a Deus.

Sou dos que acreditam que o catolicismo, como todas as igrejas, vai entrar num período luminoso de reflorescimento, revigorado e rejuvenescido por surpreendentes reformas para as quais vão cooperar, com o antagonismo de suas diretrizes, as correntes materialistas de nosso tempo e a evidência multiplicada dos fenômenos espíritas.

Um espírita eminente, o dr. Canuto de Abreu, que é, além de médico e advogado, um verdadeiro teólogo, entende que o espiritismo trouxe para a Igreja Católica um dogma novo — o da reencarnação, e para todas as religiões necessárias a evolução humana, um principio correspondente a esse.

Procurando penetrar o futuro, acreditamos que o espiritismo triunfará na Igreja, sem destruí-la. Assim como invoca o consenso unânime dos povos para demonstrar a existência de Deus, a igreja invocará a universalidade das manifestações espíritas para aceitar o espiritismo, e talvez época surja em que os templos tenham escolas e corpos de médiuns.

Longe de prejudicar o espiritismo, isso lhe aumentará a força, o prestígio e a eficácia, colocando sob a orientação dos espíritos as corporações sacerdotais.

Voltando, porém, ao presente, acrescentemos que a linha branca de umbanda, que conta, entre os seus guias, tantos antigos padres, não procura intervir na vida da Igreja para atacar o seu clero, limitando-se a observar que há clérigos ruins, como há péssimos presidentes de sessões espíritas, e que nem aqueles, nem estes, com seus erros e falhas, atingem a Igreja e o espiritismo.

Ante a Igreja, qualquer que ela seja, católica, ou protestante, como diante do sacerdote, quer pastor, quer padre, é de simpatia e respeito a atitude do filho de umbanda e o conselho que aqui poderíamos deixar aos crentes daqueles templos se resume em poucas palavras:

— Segue rigorosamente os preceitos de tua religião, e Deus estará contigo.

O Espiritismo, a Magia e as Sete Linhas de Umbanda   131

Capítulo 33
Os batizados e casamentos espíritas

A celebração de batizados e casamentos em centros espíritas tem suscitado vivas discussões entre os adeptos da doutrina, e, apesar da condenação de muitos núcleos, os realizam instituições de grande responsabilidade, mesmo na Europa como, por exemplo, a Federação Espírita Belga.

Os que os combatem alegam que o espiritismo não deve ter ritual e assentam, assim, a sua oposição a tais atos, numa confusão originária do conhecimento incompleto da liturgia.

A celebração de um batizado ou de um casamento, na Igreja, é feita mediante um ritual, porém, o casamento e o batismo parecem-me, não são rituais, mas sacramentos, podendo-se, pois, nas tendas espíritas, suprimir-se o que se considere ritualístico.

Aliás, ao que suponho, o ritual é o meio, o modo, ou a maneira uniforme de praticar certos atos, empregando-se tal designação quando esses atos, por sua natureza, são tidos como santos, sagrados ou referentes à Divindade.

O espiritismo, na realização de suas sessões, obedecendo a praxes mais ou menos uniformes, obedece, por mais que se negue, a uma regra, ou ritual. Não haverá talvez, grave engano em admitir que os inimigos do ritual o são apenas aparentes, pois só desejam, na realidade, simplificá-lo, tirando-lhe a imponência e a pompa.

Desde que adotamos um princípio, dando-lhe o caráter de um culto religioso, é natural que procuremos associá-lo aos atos principais de nossa existência, sobretudo quando a tradição herdada de nossos maiores os ligava à religião e ao templo. Compreendo, pois, a celebração desses cerimoniais, nas tendas de espiritismo.

Exigem os pais o batismo, pelas reminiscências católicas, pelo prestígio atávico das tradições, pela força irreprimível do hábito secular, tendo a impressão que os filhos, enquanto não lhes derramam na cabeça a água lustral do batismo, estão fora do rebanho de Deus, e os presidentes dos centros, para que os seus companheiros não recorram aos padres, acabam transigindo. Às vezes, porém, são esses presidentes, com frequência transformados em padres sem batina, que aconselham o batismo espírita, impondo-os, docemente, à tolerância dos confrades.

Os espíritos, não raro, pedem para celebrar o batismo das criancinhas, e na linha branca não é difícil, mas até comum, ver o trabalhador do espaço descendo pela primeira vez para integrar-se num núcleo terreno, dar o nome e pedir para ser batizado. Conheço casos de espíritos que há muitos anos trabalham em nossos centros, fazerem-se batizar.

O Espiritismo, a Magia e as Sete Linhas de Umbanda   133

O batismo, nas tendas, é, em geral, feito por um espírito incorporado, que o celebra com singeleza e rapidez, mas já vi um presidente de tenda batizar um velho trabalhador do espaço, a convite, ou pedido deste.

Não vejo inconveniente em celebrar, numa casa onde se invoca Jesus, um ato a que Jesus se submeteu. Acharia, porém, que à significação religiosa da cerimônia deveria emprestar-se um sentido humano, assumindo os padrinhos da criança, de modo formal, perante os guias, o compromisso de auxiliar o seu encaminhamento no mundo, substituindo, como pais adotivos, os pais que viessem a falecer, deixando o filho em condições desfavoráveis de fortuna, e em menor idade.

Em relação ao casamento, como sou dos que entendem que o crente deve em todas as ocasiões solicitar as bênçãos e graças divinas, não censuro, antes aplaudo, os centros que o realizam.

A celebração nupcial consiste, geralmente, numa suplica, feita pelo presidente do centro, ou por um espírito incorporado, pedindo assistência misericordiosa de Deus para o novo casal.

Os próprios materialistas e o Estado leigo reconhecem a necessidade de efetuar o casamento civil com um cerimonial tendente a impressionar fundo os nubentes, para que a recordação sempre nítida dessa solenidade, vibrando na alma de cada um dos cônjuges, avive, nas circunstâncias várias da vida, a consciência de suas mútuas responsabilidades e deveres para consigo e sua prole.

Não vejo, por isso, inconveniência alguma em celebrar casamentos espíritas com certa majestade estética, segundo a cultura e os hábitos dos noivos e os do meio em que se realizam.

Capítulo 34
A instituição de umbanda

Nos artigos sobre a linha branca de umbanda e demanda, explicamos a sua organização no espaço, de acordo com as necessidades de determinadas zonas terráqueas, por largo ciclo de tempo, com o concurso de elementos espirituais afins com os habitantes dessas regiões; o seu fundamento evangélico, inspirando-se no exemplo de Jesus, ao expulsar os vendilhões do templo; e o seu objetivo — a prática da caridade, libertando de obsessões, curando as moléstias de origem ou ligação espiritual, anulando os trabalhos da magia negra, e preparando um ambiente favorável à operosidade de seus adeptos.

Mostramos, em seguida, o rigor de sua hierarquia, as causas dos usos de seus atributos, e as dos apetrechos semelhantes aos empregados pelas linhas adversas; a natureza, a necessidade e o efeito dos despachos; a sua constituição em sete linhas e a formação das falanges que as integram e tornam eficientes; a ação isolada de cada espírito, a ação da falange, a de cada linha, e o esforço combinado de todas.

Estudamos os protetores de suas tendas, ou centros, a razão pela qual tantas entidades superiores se apresentam como caboclos broncos ou negros ignorantes; a diversidade de origem deles, em referência as suas últimas encarnações na Terra, a sua bondade humilde e o seu alto saber disfarçado em mediocridade.

Constatamos, em cada linha, a inspeção constante de vinte e um orixás, espíritos dotados de faculdades e poderes extraordinários, e vimos a grandeza luminosa de seus guias supremos, tratando, com certa amplitude, desses iluminados com que temos estado em contato.

Observamos, ainda, uma instituição da linha branca de umbanda e demanda, com a sua organização terrena correspondendo à do espaço, com os seus serviços do plano material articulando-se no plano espiritual, regendo-se, em cima e em baixo, por um sistema que a coloca ao nível de qualquer religião regular.

E dentro dessa harmonia, com as responsabilidades e as funções, sob inquebrável disciplina hierárquica, definidas, quer para os espíritos, quer para os homens, verificamos ações que se comparam aos velhos milagres consagrados pela auréola, no altar.

Não conhecemos, no espiritismo, nada que se compare, como organização, às tendas de Maria do Caboclo das Sete Encruzilhadas, e basta citá-las para mostrar que a linha branca de umbanda e demanda é uma grande e legítima instituição religiosa.

Capítulo 35
O futuro da linha branca de umbanda

A evolução da linha branca de umbanda e demanda depende e acompanhará a evolução das populações situadas na zona terráquea de sua ação e influência.

Tanto mais decline a magia em suas operações danosas à criatura humana, quanto mais se simplificarão os processos da linha branca, obriga a exercê-los de conformidade com as circunstâncias decorrentes da atuação de forças espirituais e camadas fluídicas maleficamente empregadas.

Destinada, também, a quebrar o orgulho mental e mundano de nosso tempo, à medida que o progresso moral dos homens se acentue, a linha branca, acompanhando-o, modificará o caráter ou a natureza de suas manifestações, adaptando meios novos de servir a Deus, esclarecendo e amparando o próximo.

Dia virá, certamente ainda distante no tempo, em que não haverá necessidade de recorrer aos meios materiais para alcançar efeitos espirituais, em que o aparecimento de caboclos e pretos velhos nos terreiros das tendas apenas ocorrerá esporadicamente, para não deixar perecer a lembrança destas épocas de duro materialismo e pesado orgulho utilitarista, que tão árdua e penosa tornam a missão dos espíritos incumbidos da assistência aos homens, como trabalhadores da linha branca de umbanda.

A linha, então, terá aprimorado a sua organização atual e, dentro dos quadros do espiritismo, será uma instituição de grande fulgor, regrada pela sistematização severa que a de agora esboça, articulando, cada vez mais, o seu plano terreno no alto plano do espaço, de que é reflexo. Nessa idade, os falquejadores (quem desbasta, em geral com machado, facão) do grande tronco, como os chama o Caboclo das Sete Encruzilhadas, os humildes presidentes e trabalhadores de tendas, hoje incompreendidos e injuriados, abençoarão, no espaço, libertos da matéria, os sofrimentos e as calúnias que afrontaram na Terra, no comprimento de uma tarefa muitas vezes superior aos seus méritos e energia.

Quando, porém, raiará o esplendor dessa aurora? Esperemo-lo, confiantes. Por mais que tarde, há de vir e, para quem se coloca na sua ação espiritual no mundo material, sob o ponto de vista espírita, a lentidão das coisas não gera o desânimo, porque o tempo não tem limite e o espírito é imperecível.

Presentemente, as forças maléficas que a linha branca tem de enfrentar, na defesa da humanidade, tomam um desenvolvimento assombroso, sob o impulso da exasperação dos piores sentimentos humanos, irritados até a revolta pelas amarguras econômicas oriundas dos erros e crimes do egoísmo de indivíduos e povos, acumulando-se ininterruptamente através de numerosas gerações.

Os institutos mais inferiores, por tanto tempo reprimidos por sentimentos assentes em preconceitos fundamentados em princípios religiosos, derribadas essas convenções pelos abalos sociais dos últimos decênios, irrompem com a fúria das torrentes represadas, ameaçando o mundo de uma subversão moral completa.

A linha branca de umbanda e demanda é um dos elementos de reação e defesa com que o espiritismo, ao lado das religiões espiritualistas, tem de dominar essa avalanche tumultuaria e arrasadora, competindo-lhe, a linha branca na região terreal de sua influência, a parte mais penosa da demanda, pois tem de se agir com a flor, que embalsama, e com a espada, que afugenta, entre as hostilidades e as desconfianças de alguns de seus aliados no amor a Deus e na prática do bem.

Esse terrível surto do mal tem de ser quebrantado, e a linha branca, que hoje se encapela em ondas espumantes de oceano em tempestade, será, na bonança, o azul lago placidamente refletindo as luzes do céu.

E, pois que estas linhas serão publicadas na manhã que nos recorda o sorriso de Jesus infante, na manjedoura de Belém, seja permitido ao humilde filho de umbanda enviar saudações e votos de paz no seio de Cristo, aos crentes e sacerdotes de todos os templos, com uma súplica fervorosa pelo bem estar daqueles que se privam do conforto da fé, e desconhecem Deus.

Objetivando desmistificar preconceitos referentes à umbanda, como também mostrar a simplicidade de que ela se reveste, vez ou outra a Espiritualidade desce ao plano terreno.

Desta vez, travestido de preta velha, e designando-se Vovó Benta, mais um trabalhador da luz nos relata, em seus escritos, casos corriqueiros de atendimentos realizados nos terreiros de umbanda deste Brasil a fora, traduzindo o alento que essas almas abnegadas nos trazem com sábios conselhos ou mandingas, sempre auxiliando na evolução dos filhos da Terra.

Ao mesmo tempo em que mostra a característica de diferentes locais onde se pratica a umbanda na sua diversidade, o espírito Vovó Benta retrata, nesta obra, que os seres humanos, independentemente de classe social, credo ou sexo, sofrem as mesmas dificuldades, e que o remédio reside no íntimo de cada um.

Nestes escritos, Vovó Benta procura mostrar que a psicologia dos pretos velhos está em ensinar a pescar, nunca em dar o peixe pronto. Sem soluções mágicas ou receitas prontas, eles procuram, por intermédio de seus sábios aconselhamentos, instigar a reforma íntima, condição primordial para a evolução de todos os seres pensantes do planeta.

Casos simples, contados de maneira simples, mas que alcançam o coração das pessoas. Essa é a maneira como costuma se manifestar Vovó Benta, que se denomina "mandingueira", mas que, na verdade, traz a sabedoria de que se revestem os sábios magos brancos pertencentes às correntes fraternas das bandas de Aruanda.

Causos de Umbanda 1
LENY W. SAVISCKI
Formato 14 x 21 cm • 192 p.

Depois do sucesso de *Causos de Umbanda*, primeiro volume, Vovó Benta abre nova janela para trazer a seus leitores a sabedoria milenar dos pretos velhos, a serviço da caridade pura que é o objetivo maior da umbanda.

Desfila nas páginas desta obra uma verdadeira amostragem dos sofrimentos e anseios da humanidade, sintetizados em quadros vívidos ambientados nos terreiros. São espelhos onde cada um poderá ver refletidas as indagações silenciosas de seu espírito, as dúvidas e inquietações da existência, que encontrarão resposta nos amorosos conselhos da sabedoria dos terreiros.

Mensageiros das mais altas hierarquias do mundo invisível, alguns deles disfarçados de humildes pretos velhos, descem ao plano terrestre para consolar, curar e desfazer magias, colocando as criaturas de volta no caminho da evolução. A sabedoria que transparece em suas intervenções deixa entrever os grandes magos e sublimes iniciados do amor que muitos deles são.

A face da verdadeira umbanda – mágica, mística, singela – reflete-se nesta obra, pronta a cativar novamente o espírito do leitor, como o dos milhares de entusiastas da primeira série de causos.

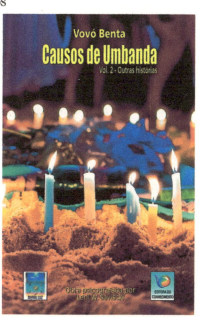

Causos de Umbanda 2
LENY W. SAVISCKI
Formato 14 x 21 cm • 192 p.

A umbanda é como uma bondosa senhora que, vivendo num mundo iluminado pela riqueza e conforto, apieda-se da pobreza e, vestindo-se modestamente, busca as almas deserdadas pela sorte para aliviar-lhes as dores. A mais universalista das religiões não nasceu para dar espetáculos nem para realizar milagres, e sim para praticar a caridade ensinada por Jesus, alentando indiscriminadamente a todos e esclarecendo consciências encarnadas e desencarnadas. É assim que os trabalhadores da luz descem de Aruanda, muitas vezes travestidos de humildes pretos velhos, para auxiliar a evolução no plano terreno, instigando os homens à reforma íntima. Vovó Benta faz parte dessa hierarquia de espíritos benfeitores, retornando desta vez à literatura espiritualista como quem desce aos porões de uma grande senzala para cortar as correntes que aprisionam espíritos ainda cristalizados em "antigas lembranças escravas". E faz isto tão bem, que é impossível não se emocionar com seus relatos de vovó "mandingueira".

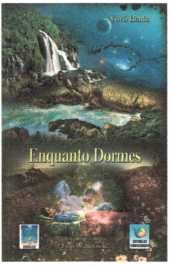

Enquanto Dormes
LENY W. SAVISCKI
Formato 14 x 21 cm • 184 p.

Nesta obra *Enquanto Dormes*, aquela que um dia foi princesa, e também escrava, relata com detalhes o que acontece quando as luzes do terreiro se apagam e os médiuns voltam para casa. Na contraparte astral, o trabalho da noite recomeça dando prosseguimento às mais complexas tarefas em que a participação da corrente mediúnica, em desdobramento do sono, é importantíssima. Em seus relatos, Vovó Benta conta com a presença do jovem personagem Juju, antiga alma que retorna ao palco terreno na condição de simples cambono, a fim de redimir-se aprendendo através da caridade muitas lições de humildade. A cada capítulo desta obra um novo ensinamento é jorrado pelos "magos do amor" para nos acordar da escuridão, a fim de que não seja necessário a intervenção do bisturi da dor para a cirurgia de nossa alma.

O ESPIRITISMO, A MAGIA E AS SETE LINHAS DE UMBANDA
foi confeccionado em impressão digital, em abril de 2025
Conhecimento Editorial Ltda
(19) 3451-5440 — conhecimento@edconhecimento.com.br
Impresso em Luxcream 80g. – StoraEnso